Mutanfall

Lisa Marti

Mutanfall

Mein Leben ohne Ernst

Aufgezeichnet von Franziska K. Müller

Zum Schutz der Persönlichkeitsrechte wurden einige der Namen geändert.

Alle Rechte vorbehalten, einschließlich derjenigen des auszugsweisen Abdrucks und der elektronischen Wiedergabe.

© 2011 Wörterseh Verlag, Gockhausen
2. Auflage 2011

Lektorat: Claudia Bislin, Zürich
Korrektorat: Andrea Leuthold, Zürich
Umschlaggestaltung: Thomas Jarzina, Holzkirchen
Foto Umschlag vorne: Marcel Studer
Foto Umschlag hinten: Privatarchiv (Ernst auf der Leglerhütte, 1965; Lisa und Ernst im geliebten Klöntal, 1955)
Layout, Satz und herstellerische Betreuung:
Rolf Schöner, Buchherstellung, Aarau
Druck und Bindung: CPI – Ebner & Spiegel, Ulm

ISBN 978-3-03763-022-8

www.woerterseh.ch

*»Wenn sich dir Hindernisse in den Weg stellen,
ändere die Richtung – aber nicht das Ziel.«*

Inhalt

Vorwort 9

Der Lüdi-Balg 13
Schwimmen lernen 51
Ernst 59
Was wir waren 72
Wie wir wurden 82
Für immer 90
Ohne Ernst 102
Reisejahre 112
Sebastian 125
Wildwest in Schwanden 138
Spuren im Wind 148
Weiterleben 177

Nachwort:
Eine Nacht in der Karawanserei an der
Rathausgasse in Glarus 185

Interview:
»Manchmal bringen wir das Glück zurück« 187

Glossar 203
Dank 205

Vorwort

Als ich Lisa Marti zum ersten Mal anrief, geschah es im falschen Moment: Es herrsche Hochsaison, im Geschäft sei viel los, erklärte die Achtundsiebzigjährige hastig, bevor sie das Gespräch beendete. Ich schrieb ihr einen Brief und erklärte, dass mich ihre Lebensgeschichte – von der ich durch einen Zufall vernommen hatte – interessiere und aus ihrer Biografie ein Buch entstehen könnte. Mein Interesse galt einer Frau, die vordergründig ein angepasstes Leben zu führen schien. In einer ländlichen Gegend. Im Kanton Glarus. Extravaganz, Selbstverwirklichung und unkonventionelle weibliche Lebenswege erwartet man in diesem Landstrich nicht unbedingt. Zumal Lisa Marti einer Generation von Frauen angehört, die in den 1950er-Jahren erwachsen wurden. Wie die Abenteurerin später erklärte, habe sie selbst mithilfe von elektrischem Bügeleisen und Waschmaschine einen tadellosen Haushalt geführt, sei stets adrett frisiert und gekleidet gewesen und habe lange Zeit mehrheitlich getan, was von ihr erwartet worden sei.

Wochen später willigte Lisa Marti ein, mich zu treffen, und an einem eisig kalten Wintertag erwartete sie mich am Bahnhof von Glarus. In Bergsteigerkleidung stand sie vor ihrem Jeep, umarmte mich lachend. Der wilde Haarschopf schneeweiß, das Gesicht fein gefurcht wie Winterholz, das seine eigenwillige Schönheit erst im hohen Alter erreicht. Ein Gesicht, das von einem bewegten und nicht immer kompromissbereiten Dasein erzählt. Vom Willen, weiterzumachen, egal, welche Hindernisse sich in den Weg stellen.

In den folgenden Monaten sahen wir uns oft, und bald stellte ich fest: An Lisa ist alles groß. Das Herz. Der Geist. Der Lebensdurst. Ihr Haus mit den vielen Zimmern und Gästebetten. Der drei Meter lange Esszimmertisch, an dem Freunde, die erwachsenen Kinder, die Enkel, Austauschstudenten und deren Kollegen spontane Runden bilden. Der Kühlschrank: XL-Format. Der Abfalleimer: XXL-Format. In unzähligen und bisweilen chaotisch ablaufenden Gesprächen erfuhr ich, dass die Glarnerin ein Leben führte, das sich nicht immer an Vorstellungen und Pläne hielt, in dem das Rezept für das Glück immer wieder umgeschrieben werden musste. Eine Existenz, die durch schwierige Kindheitsjahre geprägt war. Durch die Chancenlosigkeit einer Zukunft, die andere für sie festlegen wollten, und später durch die Sitten einer Zeit, in der die weibliche Eigenständigkeit erkämpft werden musste. Sie trat dem Schicksal immer wieder entgegen. Auch, als ihr Mann vor sechsunddreißig Jahren für immer verschwand.

Während unserer Gespräche rieselte Schnee vor den Fenstern, dann zog der Frühling ins Land, die Bäume im riesigen Garten schimmerten hellgrün. Später stand der Garten in voller Blüte, der Pool glitzerte türkisfarben, in der offenen Sommerküche wurde gekocht, und im Freien fanden große Partys statt. Mittendrin: Lisa. Sie gestikuliert, redet, erzählt von abenteuerlichen Reiseplänen, vom Geschäft, von einem neuen Schwarm, den sie – nebenbei gesagt – abblitzen ließ. Ich wusste längst, dass sie eine spannende Figur ist und eine mutige Frau: Nicht nur, weil sie hohe Berggipfel erklomm, viel Gutes tat, dem Unglück immer wieder ein Schnippchen schlug. Sondern auch, weil sie eigene Versäumnisse und Fehler, die es auf dem Weg zur Selbstverwirklichung gab, nicht schönredet und schon gar nicht verschweigt.

Mitternacht ist längst vorbei, als sie vor der Jurte steht. Von außen grau und unscheinbar, ist das Innere mit filigran bemalten Möbeln und bunten Stoffen ausgestattet. In heißen Sommernächten schläft Lisa Marti im kühlen Nomadenzelt, das einst in den weiten Steppen der Mongolei stand, und den Blick in den Sternenhimmel gerichtet, fasst sie ihr ungewöhnliches Frauenleben mit den Worten zusammen: »Ich bin der Beweis dafür, dass man aus nichts viel machen kann.«

Franziska K. Müller

Der Lüdi-Balg

Plastikfolie klebt über den Erinnerungen: Ruhig blickt meine Mutter in die Kamera. All das Schlimme fand keinen Ausdruck, nicht in Taten, nicht in Worten, und die Wangen blieben beinahe glatt, die Lippen ohne Bitterkeit. Manchmal denke ich, dass dieses Schwafeln und Plappern, das Suchen und Finden, das Aufbegehren und Aufarbeiten das Böse zerbröselt und falsch zusammensetzt, dem Schmerz die Schärfe nimmt, aber gleichzeitig das Geheimnis verrät und der Unruhe den Weg ebnet. Die schweigsame Mutter wirkt beinahe übersinnlich, in Dingen verharrend, die nicht mehr zu ändern sind. Es war eine Familienfeier, und im Hintergrund ist ein Restaurant zu sehen. Meine Tochter Anni trägt eine bunte Skijacke, ihr kleiner Bruder blickt in einen Himmel aus Beton, der große macht Faxen. Die Reihen sind geschlossen, der Abwesende ist nicht spürbar, obwohl das Leben ohne Ernst zu diesem Zeitpunkt bereits andauerte. Gegangen. Für immer. In einer Novembernacht, und am übernächsten Tag überzog eisiger Schneewind die steilen Felswände, an die ich seit sechsunddreißig Wintern hochblicke. Andere Fotos von jenen Menschen, die ich liebte, müssten irgendwo in meinem Haus zu finden sein. Um Ordnung zu halten, fehlt es mir auch im hohen Alter an Ruhe und Sinn, und wenn ein Gericht anbrennt, werfe ich die verkohlte Pfanne ohne Zögern in den Garten hinaus. Dort verschwindet sie zischend im Schnee, neben dem weiß bedeckten Swimmingpool. Nach langen Wintermonaten kommt im Frühling zum Vorschein, was vergessen gegangen ist, und wenn die Pfannen und das türkisblaue Rechteck plötzlich zwischen Maiglöcklein und Gänseblümchen herumliegen, sieht mein Garten wie ein modernes Gemälde aus. Von mir gibt es keine Fotografien aus der Kindheit. Das macht nichts. Ich weiß noch, wer ich war: ein Lüdi-Balg.

Die Erinnerung an den Vater beschränkt sich auf einen einzigen Moment vor vierundsiebzig Jahren: Er schiebt den Kinderwagen den Feldweg entlang, es riecht nach spätem Sommer und feuchtem Straßensand. Ich bin knapp vier Jahre alt und muss mich an der verchromten Stange festhalten, ansonsten ginge ich offenbar verloren in der endlosen Freiheit aus Feldern und Wäldern. Butterblumen machen aus unserem Weg einen Schal mit golddurchwirkten Seitennähten, eine wehende Straße, von der ich nicht mehr weiß, wohin sie führte. Der Wagen wippt und knirscht, meinen winzigen Bruder sehe ich nicht, aber ich höre, wie er sich hin und her dreht, erschöpft oder hungrig, und schließlich beginnt er zu schreien.

Irgendwann kam der Vater nicht nach Hause, und dann war er tot. Waren wir traurig? Ich glaube nicht. Nach Jahren zeichnete meine sonst so sehr der Realität verpflichtete Mutter, die ihren Mann liebte, so wie man damals eben liebte, umfassend, aber wenig wissbegierig, ein Szenario, das in einer überraschenden, weil hypothetischen Erkenntnis endete. Hätte er einen Beruf erlernen müssen, anstatt ein verzogenes Großbauernsöhnlein zu sein, wäre ihm die spätere Hilfstätigkeit im Stall erspart geblieben, kein grober Leinenstoff hätte seine Schenkel wund scheuern können, und das Clostridium tetani, ein äußerst widerstandsfähiges Bakterium, von einer dummen Kuh auf den hölzernen Schwielenboden geschissen, hätte sich ein anderes Opfer suchen müssen. Aber so verursachte der Erreger des Wundstarrkrampfes das schnelle und qualvolle Ende des Vaters, worauf die Mutter auf das Fahrrad stieg, die Frage des Arztes, ob sie sich nicht ein wenig ausruhen wolle, mit dem Satz verneinte, die Lebenden würden sie jetzt brauchen, und zu ihren vier kleinen Kindern zurückradelte. »Hätte der Vater überlebt, wären viele zusätzliche Schwangerschaften nicht ausgeblieben, und armengenössig wären wir trotzdem geworden«, sagte Mutter am Ende dieser Geschichte.

Er arbeitete als Klauenputzer und Besenmacher. Niedrigste Verrichtungen in einer Zeit, als der Bauer und sein Hof in der ländlichen Hierarchie den Spitzenplatz belegten und man dem Gesinde keinen Anspruch auf ein besseres Leben zugestand. Mein Vater war ein doppelter Skandal und sein Schicksal eine Bestätigung rigider Moralvorstellungen, die für verschwiegene Einstimmigkeit in der Umgebung sorgten. Sein tiefer Fall und unser Schicksal hielt man für ebenso unerhört wie gerecht. Das schlaue Lüdi-Gen, von dem manche sagten, es handle sich um ein Gauner-Gen, wurde durch meinen Großvater eingeschleust, der im ganzen Emmental berüchtigt war. Ein Viehhändler in grobem Zwirn, aber mit einer Uhrenkette aus Gold in der Hosentasche. Es waren die Kriegsjahre, und auch in der Schweiz kämpften die Kleinbauern ums Überleben: Die Häuser wurden ungepflegter, eine einzige magere Kuh im Stall. Wenn der Lüdi Gottfried auftauchte, so wird erzählt, dräuten fast immer dunkle Wolken am Himmel, während stumpfe Felder und ärmliche Scheunen plötzlich wie mit Glanz übergossen dastanden. Er half mit Krediten aus, wenn es für die wenigen Dinge, die man zukaufen musste, nicht mehr reichte. Wie wenn der Verdurstende nach unreinem Wasser greift, wussten auch die Bauersleute, dass jene kühlen Silbermünzen, die ihnen in die schwieligen Hände gelegt wurden, im gleichen Moment ihr Schicksal besiegelten. Denn im nächsten oder übernächsten Augenblick legte der Lüdi-Bauer seine Pranke auf den kargen Besitz, und die Verzweifelten landeten dort, wo es kein Entrinnen gab: Gotthelfs Forderungen in den Wind schlagend, vollzog sich die Armut im Emmental ohne Mitleid der Gemeinschaft und ohne mildernde Umstände – weil sie immer als selbstverschuldet galt.

Geranien blühten auf den Fenstersimsen des großelterlichen Hofes. Er befand sich auf einer sanften Anhöhe in der Grabenmatt und war in meiner kindlichen Wahrnehmung riesig. Mehrere Gebäude gruppierten sich um den gewischten Vorplatz, im Stall standen Dutzende von prächtigen und sehr sauber gehaltenen Milchkühen. Sogar der Misthaufen schien ordentlicher als anderswo, an den Hauswänden stapelte sich so viel Brennholz wie nirgendwo sonst. Die getäfelten Räumlichkeiten im Innern des Haupthauses, das imponierte mir als kleinem Kind sehr, gingen ohne die üblichen Türen und Faltwände jener Zeit ineinander über, was saalartige Großzügigkeit schuf. Über verschiedene Stockwerke verteilten sich zahlreiche Zimmer, und die Fenster waren größer als alle, die ich kannte. Sie gaben den Blick auf ein zweifarbiges Mosaik aus Klee und Weizen frei, das sich bis an den Horizont erstreckte.

In der Küche buk und kochte unaufhörlich eine Magd: In das elektrische Bretzeleisen legte sie goldgelbe Teigkugeln, und wenn sie es öffnete, fiel filigran geprägtes Buttergebäck heraus, das nach dem Abkühlen in einer Blechdose aufbewahrt wurde. Auf dem langen Küchentisch standen viele Schüsseln und Töpfe, und dabei entdeckte ich kulinarische Köstlichkeiten, die ich sonst nie sah: Rauchwürste, Konfitürenbrote, Erdbeeren.

Meine Großmutter war eine stattliche, strenge Frau, eine Bäuerin und doch eine Dame, die keine Schürze trug, dafür eine Brosche am Revers und in ihrem Schlafzimmer ein Stück Lavendelseife aufbewahrte, das ich mir einmal unter die Nase hielt. Die Lebensweise auf dem Lüdi-Hof erschien mir während der wenigen Nachmittage, an denen ich die Großeltern besuchen durfte, fremd, leicht und großzügig.

Was Überfluss und Luxus bedeutete, wusste ich nicht, aber ich nahm wahr, dass meine Verwandten die schweren Arbeiten auf dem Gut nicht selbst verrichteten. Knechte und Mägde gab es auf den Feldern, im Haus, bei den Tieren. Wortkarge Menschen, die Gesichter grob gefurcht von Sonne, Wind und unerfüllten Wünschen. Das Gesinde erhielt Nahrung und eine Kammer zum Schlafen. Verpflichtet, vom frühesten Morgen bis spät in die Nacht hinein zu arbeiten, musste es sich auch in den sonntäglichen Freizeitstunden zur Verfügung halten.

Während der Lüdi-Vater sich dem außerhäuslichen Geldverdienen und dem Kartenspiel widmete und dort sein Rechentalent unter Beweis stellte, indem er sofort nach dem letzten Stich die genaue Punktzahl nennen konnte, vertat seine Frau die Zeit hauptsächlich mit Nichtstun. In diesem abgeschotteten Milieu gediehen zwei Söhne. Sie lernten reiten und konnten sich gewählt ausdrücken, schafften die Schule infolge ihrer Faulheit und Verzogenheit nur knapp, und einen Beruf erlernen mussten sie nicht. Meine Großeltern frevelten gegen die Gotthelf'schen Erziehungsprinzipien, deren man sich im Emmental durchaus erinnerte und die andere Kinder lehren sollten, Entbehrungen, Schwierigkeiten und Frustrationen zu ertragen und zu überwinden.

Zwei ergaunerte Heimetli bekam mein Vater geschenkt. Seine Hände, so sauber wie jene einer städtischen Mademoiselle – so wurde später gespottet –, wussten keine Harke zu fassen und keinen Gaul über den Acker zu treiben. Es fehlte ihm an handwerklichem Geschick, an Lebenserfahrung, an Belastbarkeit, die sich Gleichaltrige früh in der Fabrik, auf dem Feld oder in der Amtsstube aneignen mussten. Er war weltfremd, vielleicht sogar arrogant: Wie man mit Geld umgeht, wollte er nicht wissen. An Verantwortungssinn mangelte es ihm gänzlich, und seine Überheblichkeit ging so weit, dass er sogar auf das Standesbewusstsein pfiff. Er verliebte sich in eine schöne Magd, meine Mutter, und nahm sie gegen den Willen der Eltern zur Frau. Es war eine große Liebe und eine unmögliche Liaison.

Meine Mutter war sanftmütig, in späteren Jahren auch wehrlos. Vier Kinder wurden in vier Jahren schweigend geboren. Ohne Schreie, so wie bereits ihre starke Mutter auf Kartoffelsäcken neunmal niederkam, das grobe Unterzeug wenige Stunden nach der Niederkunft am Trog säuberte und zum Trocknen über die Wäscheleine legte: griffbereit für die nächste Geburt.

Mein Vater arbeitete wenig und musste schließlich beide Heimetli hergeben. Bald sagten sie im Dorf, er sei ein Nichtsnutz und Tagedieb, der Ruf der Großeltern stand auf dem Spiel. Sie sahen dem Treiben zu, ermahnten und drohten. Im Wissen, dass eine verlorene Erziehung nicht wettzumachen ist, vor allem aber, um sich selbst vor weiterem Imageschaden zu bewahren, enterbten und verstießen sie den Sohn, seine Frau, die Kinder. Nun stand der Vater zum ersten Mal auf eigenen Füßen. In einer eisigen Winternacht suchte ihn die Mutter im ganzen Dorf und fand eine mit Schnee überzogene Gestalt am Straßenrand, es war mein Vater, der sich selbst zu Fall gebracht hatte. Streit gab es zu Hause nie, wie klug und stark meine Mutter war, realisierte ich Jahrzehnte später. Die Illusion, dass der Mensch sich ändere, hegte sie nicht. Wenn Vater die paar Franken, die er später mit den ihm verhassten Tätigkeiten verdiente, dem Beschneiden und Säubern von Viehhufen oder durch den Verkauf eines selbst gemachten Besens, für Unsinniges ausgab, tadelte sie ihn nicht – sondern verzichtete für uns Kinder auf das Abendbrot.

Die Großeltern luden mich nur noch selten auf den Hof ein. Der Umstand, dass der Sohn und seine mindere Brut allmählich zu Gesinde verkamen, erfüllte sie mit Verachtung, mich jedoch viel später mit Erstaunen über ein Schicksal, das der Lüdi-Bauer mit seiner Lebensweise selbst herausgefordert hatte.

Monate später legte meine Mutter weiße Nelken auf das Grab des Vaters. Die Kirchenglocken läuteten, die Dorfgemeinschaft war schweigend versammelt, und die sogenannte Gerechtigkeit fraß sich den Weg durch unser weiteres Leben. Die mittellose Mutter war mit der Betreuung und Versorgung von vier kleinen Kindern beschäftigt, das jüngste erst neugeboren. Wir zogen in ein Zuhause mit zwei winzigen Zimmern und einer kleinen Küche. Die Armut verschlang uns im folgenden Jahr ganz.

Das Nichtshaben und das Nichtssein brachten fremdartige Zustände hervor, die man mit ein wenig gutem Willen auch als spannend bezeichnen konnte. Als Kind ist der durch die Eltern gelebte Zustand Normalität, egal, wie unbequem oder gar bedrohlich die Umstände sind. Man arrangiert sich, man nistet sich im Glück wie im Unglück ein, und die Armut lehrte uns, viel Zeit im Nichts und mit uns selbst zu verbringen. Minuten, Stunden, Tage, Wochen, Monate, die totgeschlagen, überwunden, gebodigt werden mussten. Mit der Leere umzugehen, gilt den Erwachsenen als anspruchsvolles Anliegen.

Jahrzehnte später entdeckte ich auf einer Reise in Asien in Fels geschlagene Höhleneingänge, so hoch gelegen, dass sie für westliche Zivilisten unerreichbar blieben. Buddhistische Mönche meditierten dort abgeschottet von der Außenwelt in völliger Ruhe und Dunkelheit. Jahrelang. Niemand sah diese Menschen jemals. Dass sie gestorben waren, erahnten die Einheimischen, wenn das vor die Höhleneingänge platzierte Essen liegen blieb. Ein kleines Kind ist, kaum geboren, von einem solchen Zustand der Freiheit und Genügsamkeit noch nicht allzu sehr entfremdet, und mit zufällig hingeworfenen Ablenkungen geht es weniger hochnäsig um als die Erwachsenen: Schattenwürfe und Hirngespinste beschäftigten mich tagelang. Auch saß ich reglos und stumm auf den warmen Treppenstufen, die zum Dachboden führten, und beobachtete wortlos die Nachbarin. Wie sie aufgeweichte Holzflocken aus einem Eimer in eiserne Gussformen schöpfte, ohne Waage aufs Gramm genau, immer die gleiche Menge, mit der ganzen Kraft ihrer massigen Gestalt das schwarze Presseisen darüberlegte, die Kurbel drehte. Hundertmal, tausendmal wiederholte sie diese Vorgänge mit einem stumpfen Gesichtsausdruck, der die Armut auch als Schwermut verriet. Dann wurden die Briketts aus der Form geklopft und zum Trocknen in hundert Reihen auf dem Dachboden verteilt, später eingesammelt und zum Einfeuern verwendet. Wir sprachen nie miteinander, und sie forderte mich nicht zur Mitarbeit auf.

Im Winter blickte ich als Zeitvertreib aus dem Fenster oder beobachtete die Eisblumen an den Glasscheiben. Ein halbes Grad Wärmeunterschied reichte aus, damit sich dort ein mystisches Massaker abspielte. Zuerst brach ein millimeterfeiner Dorn an einer Ranke ab. Als Folge verschob sich sehr langsam das ganze Bild, es führte in einer rätselhaften Anordnung aus Verästelungen in einen großblättrigen Farnwald, der ohne Verbindung zu den feinen kleinen Dingen in sich zusammenbrach, verschwamm und schließlich einfach weggespült wurde.

Der Frühling und der Sommer zogen ins Land. Wir aßen jetzt jeden Tag Haferschleim, und die Wanzen, die in der Nacht als vierbeinige Ritter mit farbigen Schutzschilden auf dem Rücken aus den Ritzen krochen, tranken unser Blut. Manchmal konnte die Mutter die Kinderschar in die Obhut einer Nachbarin geben, dann half sie den Bauern auf den nahen Feldern und brachte als Lohn einen Korb Kartoffeln nach Hause. Geraffelt, geschnippelt, zerstampft, in Würfel, Scheiben, Schnitze geschnitten, liebten wir diese außergewöhnlichen Mahlzeiten. Am Abend erzählte die Mutter manchmal Geschichten, die sie als Tochter einer Magd und eines Knechts erlebt hatte und die mir zeigten, dass der Mensch die Ereignisse seines Lebens neu beurteilen sollte, wenn die Zeit die schlimmsten Wunden geheilt hat.

Beim Holzeinholen streifte die Familie meiner Mutter durch den Wald, den suchenden Blick in die üppigsten Baumkronen gerichtet, deren Stämme meine kräftige Großmutter in einem langen Leinenrock mühelos erklomm. In großer Höhe hackte und schnitt sie die besten Äste ab, krachend fielen sie zu Boden, was bei einbrechender Dunkelheit manches Tier empörte: Ein Käuzlein schrie, Rehe und Füchse flüchteten durch das Unterholz. Die luftige Höhe wurde der Großmutter ein fernes Land mit Schätzen und exklusiven Abenteuern, von denen nur jene zu berichten wussten, die nichts waren und nichts besaßen. Winzige Orchideen will sie gesichtet und Honigduft gerochen haben. Einmal berichtete sie von einem erstaunt dreinblickenden Adler, einer zutraulichen Eichhörnchenfamilie und einmal von tausend Sternen, die wie verloren gegangene Diamanten zum Greifen nah am schwarzen Himmel standen. Einmal kam sie mit Wildäpfeln und einmal mit Eisbeeren in der Schürze zurück. Stieg sie müde, aber beinahe verzaubert vom Baum herunter, war das Holz vom Mann und vom Kind bereits zu luftigen Bündeln geformt worden. In der glücklichen Gewissheit, eine zusätzliche Nacht lang einfeuern zu können, wurde die bescheidene Ausbeute im gerafften Rockschoß in die Kammer zum Trocknen transportiert. Ich dachte bei dieser Geschichte an den Brennholzvorrat vor dem Haus meiner reichen Großeltern, sagte aber nichts. Wir Kinder saßen in solchen Nächten eng beieinander, weil es in unserer Behausung stets kalt war, und abwechslungsweise durften wir in die Nähe der Mutter rücken, die Wärme, Trost und Liebe spendete.

Keine Angehörigen und keine Fremden näherten sich uns in den Monaten nach dem Tod des Vaters, und Freunde schien es nicht zu geben. Die Armut als Makel und Sünde. Sie ging mit dem pädagogischen und religiösen Willen einher, der nachfolgenden Generation die damit verbundene moralische Verwahrlosung, den schlechten Charakter und die Flausen auszutreiben. Von Chancen und Bildung, den heute akzeptierten Möglichkeiten, um weiterzukommen, hielt man auf dem Land nichts. Das Schicksal wurde bei der Geburt festgeschrieben, und unveränderbar musste es bleiben, damit Knechte und Mägde fleißige und billige Arbeitskräfte blieben, die über Generationen hinweg taten, was man sie hieß, und erst viel später begriff ich, dass der Aufstieg der Großeltern zu Großbauern und Gutsherren nicht fein hatte vonstattengehen können. Den sozialen Schichtwechsel musste man sich damals ergaunern.

Meine Mutter war im Kern eine starke Frau, aber gegen die Auffassungen und die damit verbundenen Gepflogenheiten jener Zeit war sie machtlos: Wie viele Nächte mochte sie hungrig und einsam wach gelegen haben, das Baby an sich gedrückt, in Sorge um unsere Zukunft, die mit jedem Tag auswegloser erschien? Sozialhilfegesetze und Versicherungen, die Lohnausfälle bei lang dauernder Krankheit oder Tod des Ernährers gemildert hätten, fehlten gänzlich. Einzig verhungern lassen wollte man die nächste Generation von Untertanen nicht. Während die mittleren Schichten die schlecht versorgten Kinder gegen Pflegegeld in den sogenannten Pfrundhäusern unterbringen konnten und städtische Mündel bisweilen in Institutionen der katholischen Kirche gegeben wurden, fehlte es in den evangelisch geprägten Landstrichen an solchen Angeboten.

Bis ins Mittelalter reicht die Praxis der sogenannten Fremdplatzierung zurück, die noch in den späten 1970er-Jahren angewandt werden durfte und in den 1950er- und 1960er-Jahren Hunderttausende von Verdingkindern hervorbrachte, wie ich später erfuhr. An den Aufenthaltsorten verrichteten sie die ihnen zugewiesenen Arbeiten: Trossbuben hießen die Kinder beim Militär, andere kamen bei Handwerkern unter, aber immer öfter auch bei Bauernfamilien, die vor der großflächigen Industrialisierung der Landwirtschaft jede arbeitende Hand gebrauchen konnten und war sie noch so winzig. Für kleinere Kinder musste die Gemeinde Kostgeld bezahlen, Beträge, die mit zunehmendem Alter der Schutzbefohlenen geringer wurden, was die Bauersleute dazu legitimierte, den über Zehnjährigen, die auf ihren Strohsäcken schliefen und ihr Brot aßen, viel abzufordern.

Manchmal wurden die Geschöpfe im Amtsblatt ausgeschrieben und an landwirtschaftlichen Messen feilgeboten.

Die interessierten Bauern prüften bei den Kindern Zähne und Knochenbau. Die kräftigsten waren begehrt, den anderen – so flüsterte man sich hinter vorgehaltener Hand zu – werde man das Arbeiten beibringen. Über die Situation der Kostkinder wurde in den Dörfern nicht gesprochen, obwohl sie überall waren. Freche oder verschupfte Balge, denen die Heimatlosigkeit bereits im frühen Alter an der mageren Gestalt klebte, und wenn ein Hemdchen verrutschte, lugten nicht selten Striemen und blaue Flecken hervor.

Die Vorahnung, dass es auch uns so ergehen könnte, und das Entsetzen darüber, wie mit diesen Kindern umgegangen wurde, müssen für die Mutter schrecklich gewesen sein. Das Verständnis für ihre Lage kam mir in den folgenden Kindheitsjahren, in denen ich selbst litt, vorübergehend abhanden, aber heute betrachte ich es als beinahe übermenschliche Leistung, dass sie den Zustand unserer fortschreitenden Armut über ein Jahr lang schweigend ertrug und dadurch unsere Wegnahme verzögern konnte.

Als die Haferflockenvorräte endgültig aufgebraucht waren, blieb der Mutter in Erwartung eines harten Winters – und wollte sie unser Wohl nicht ernsthaft gefährden – nichts anderes übrig: Sie wurde bei der Gemeinde vorstellig und fragte fünffrankenweise um Hilfe an. Diese wurde gewährt, aber ähnlich wie damals, als der Großvater den Unglückseligen Geld geliehen hatte, leitete dieser Obolus den endgültigen Niedergang der Familie ein. Wenige Wochen später intervenierte die aufmerksam gewordene Behörde. Die Mutter wurde nicht um ihre Meinung gefragt, und auch ihre Einwilligung für die Anordnung war unnötig: Die Kinder wurden verdingt, jedes auf einen anderen Hof. Die Mutter müsse wieder als Magd arbeiten, den Jüngsten könne sie mitnehmen, wenn es der Bauer zulasse. So finanzierten sich die Ärmsten ohne große Aufwendigkeiten vonseiten der Gemeinden, finanztechnisch ein schlauer Schachzug, der die Zustimmung der Allgemeinheit genoss und den Bauern billige Arbeitskräfte in Hülle und Fülle bescherte.

Einmal hörte ich die Mutter in der Dunkelheit lange schluchzen, und in den folgenden Tagen musste sie die beiden älteren Söhne wegbringen. Endlich war das Bett meine Insel: Ich legte mich diagonal hinein, wickelte mich in ein Leintuch, das bis anhin für mich und meine zwei Brüder hatte reichen müssen, und genoss die Nachsicht und Fürsorglichkeit der Mutter, die nun ebenfalls beinahe mir allein gehörte. Bereits am nächsten Tag räumte sie auch meine Habseligkeiten – wenige Kleidungsstücke und die Lumpenpuppe – in eine Kartonschachtel. Sie redete nicht viel, ich erkannte in den kraftlosen Bewegungen Traurigkeit und wusste instinktiv, was anstand. Ich fürchtete mich nicht, und als Fünfjährige kam vielleicht erstmals zum Ausdruck, was ich erst viel später mit dem Verstand begriff: Im Unterscheiden von Zuständen, die man ändern kann, von solchen, die man ohne Angst hinnehmen soll, liegt vielleicht das Vermögen, am Leben nicht zu scheitern.

Von dieser mir unspektakulär erscheinenden Kindheit sprach ich jahrzehntelang nicht. Wen hätte das interessieren sollen? Erst später dachte ich, man kann aus nichts viel machen, und darum halte ich die frühen Jahre, die mein weiteres Leben bestimmten, jetzt fest. Ohne Bitterkeit. So wie es war: Die Anfänge des Emmentals verlieren sich im waldigen Dunkel tiefer Gräben. Schrattenfluh und Hohgrat blicken auf das zerfurchte Hügelland mit steilen Halden, die bald an Höhe verlieren und in eine waldige Ebene münden. Roggen-

und Weizenacker, Hafer- und Kartoffelfelder liegen in der Talsohle, und am Fluss, der sich träge durch die Landschaft windet, wachsen Erlen, alte Weiden und riesige Tannen.

In dieser Gegend blieb ich, als ich von zu Hause wegmusste. Es war ein später Herbsttag im Jahr 1938. An der Hand der Mutter überquerte ich die Straße. Beim Gasthof Sternen gab sie vor, etwas vergessen zu haben. Sie hieß mich auf die Treppe sitzen und stellte den Karton ab. Ich blickte auf den Vorplatz, sah nichts, roch nichts, hörte nichts, wusste nur, dass der neue Lebensabschnitt begonnen hatte.

Als Mutter nach einer Ewigkeit zurückkam, war ihr Gesicht verweint, etwas Vergessenes hielt sie nicht in den Händen. Ich spürte ihre Einsamkeit und ihre Angst. Sie bückte sich zu mir, worauf ich sie mit beiden Armen umschlang. Was ich damals nicht wusste: dass meine Kindheit im Schutz ihrer Geborgenheit für immer vorbei war.

Nach einem zehnminütigen Fußmarsch lag das neue Zuhause direkt an der Straße vor uns, ein typisches Emmentaler Kleinbauernhaus, das manche als ebenso lieblich bezeichnen wie die sanft geschwungenen Weiten, in denen es normalerweise liegt. Außenstehende sehen nur die hübschen Fassaden, was sich dahinter abspielt, wissen allein die schweigsamen Bewohner, die halten und nicht loslassen, das Neue verdammen, das Alte nicht überwinden wollen. Unter dem weit vorspringenden Walmdach drängten sich Wohnhaus, Scheune und Stall. Vor dem Haus befand sich der Gemüsegarten, ein paar wenige Obstbäume, der Misthaufen. Die Familie besaß Kuh und Rind, ein Schwein und viele Hühner. Die Hungerbühlers waren nicht reich, aber auch nicht arm: erfolgreiche Kleinbauern, in den kargen Zeiten des Zweiten Weltkrieges sich selbst versorgend.

Die Frau begrüßte mich kühl, und ab sofort musste ich sie Mutter nennen. Der neue Vater, ein freundlicher, aber, wie sich bald herausstellen sollte, mutloser Mensch, nahm mich bei der Hand, führte mich ins Freie, zeigte mir wortlos die Küken und die Kaninchen im Garten, die mich über alle Maßen begeisterten. Als wir ins Haus zurückkehrten, war meine Mutter fort. Ich war schockiert und weinte hemmungslos. Wohin sie gegangen war und ob ich sie jemals wiedersehen würde, wusste ich nicht. Diese Ratlosigkeit machte mich manchmal wütend, und das Herbeisehnen der Mutter ließ mich in den folgenden Jahren, Monaten, Wochen und Tagen hoffnungslos zurück.

In der Stube gab es einen Kachelofen, der über die Feuerstelle in der Küche beheizt wurde. Daneben stand mein Bett. Dass ich es mit niemandem teilen musste, empfand ich als erfreulichen Aspekt meines neuen Lebens. In der ersten Nacht schlüpfte ich in das warme Nest und träumte leichtsinnig meiner neuen Existenz entgegen. Um fünf Uhr in der Früh wurde ich geweckt, die neue Mutter befahl das Ausmisten des Hühnerstalls und das akribische Reinigen des Küchenbodens auf den Knien. Zwei Stunden später kam das Frühstück auf den Tisch, woraus sich bald ein morgendliches Ritual entwickelte. Nach über zwölfmonatiger Haferbreidiät rebellierte mein Magen gegen die schwere Kost, und bereits beim Anblick der in heißem Schweineschmalz schwimmenden Kartoffeln wurde mir übel. Das reizte die neue Mutter sehr, sie schimpfte mich verwöhnt und zwang mich von nun an unter dem schweigenden Blick des Bauern zu diesem morgendlichen Mahl, das ich regelmäßig erbrach.

Die menschliche Bösartigkeit war eine fremde Erfahrung für mich, ebenso wie laute Streitigkeiten und gewalttätige

Ausbrüche, die ich in den folgenden Jahren so oft erlebte. Erstaunt und überrascht, kam ich bereits während der ersten Wochen meines Aufenthaltes zum Schluss, dass dieses Verhalten das Gegenteil von Liebe sein müsse, jedoch nicht abnormal, weil nur einem leiblichen Kind Fürsorglichkeit und grenzenlose Zuneigung zustehen konnte.

Mein Leben fand von nun an auf dem kleinen Gehöft statt. Nach den hinter mir liegenden ereignislosen Monaten in stickigen Wohnverhältnissen genoss ich den Aufenthalt in der freien Natur, und die vielen Aufgaben und Verpflichtungen empfand ich nicht als Last, sondern als willkommene Abwechslung. War ich beschäftigt, ging es mir gut. Dass ich hart arbeiten konnte, sah sogar die Bäuerin. Genau wie meine Großmutter mütterlicherseits, die auf hohe Bäume kletterte, um Äste zu schneiden, verfügte ich über körperliche Stärke und eine stabile Gesundheit. Vor der Dämmerung mistete ich den Stall aus, versorgte die Hühner und alle anderen Tiere, danach half ich ernten, putzen, kochen, waschen. Ich liebte den kalten Morgen, die endlosen Nachmittage, die stille Nacht.

Die neue Mutter schrieb vor, wie hundert Aufgaben zu erledigen waren. Alles musste nach schwer nachvollziehbaren Regelwerken ausgeführt werden, und leicht ließen sich Fehler finden. Körperliche Bestrafung kannte ich bis anhin nicht. Ich schrieb die Ohrfeigen und Kopfnüsse ebenfalls dem Umstand zu, dass ich ein angenommenes Kind war. Es hieß, ich sei ein hübsches Mädchen, mit grauen Augen, dunklen Zöpfen, nicht auf den Kopf gefallen. Einmal belauschte ich ein nächtliches Gespräch, bei dem die Bauersleute anzweifelten, dass die Erde eine Kugel sei. Ihr Argument – dann würden alle Wasservorkommen ins All fließen – erschien mir wenig überzeugend. Am nächsten Tag schlich ich mich aus dem

Haus, setzte mich vor ein weit entferntes Gehege mit kleinen Küken und wartete darauf, dass ich mittels Erdumdrehung von allein zum Hof der Hungerbühlers gelangte. Mit dieser Aktion wollte ich die Pflegeeltern der Unwissenheit überführen, aber es geschah nichts. Einen kurzen Moment nur zweifelte ich an meiner Schlauheit. Das Selbstbewusstsein und das Nichtblödsein waren Nachteile, die ich nicht zu kontrollieren wusste, beides machte mich bei der Bäuerin zusätzlich unbeliebt, und um ihre Vorurteile zu bestätigen, bezichtigte sie mich bald der listigen Verderbtheit.

Natürlich wusste die neue Mutter, ebenso wie die übrigen Dorfbewohner, vom Lüdi-Bauer, der in der Grabenmatt residierte und den sie alle fürchteten, und auch vom gescheiterten Nichtsnutz, dem toten Lüdi-Sohn, den sie verachteten. In mir sahen sie eine Anhäufung schlechter Veranlagungen, und der damaligen Denkweise entsprechend sollten diese ererbten Voraussetzungen, darunter Unehrlichkeit, Faulheit und Leichtsinn, exorziert werden, bis ein Mensch dastehen würde, der sich einem Schicksal fügt, das sich andere für ihn ausgedacht haben.

An eine Episode erinnere ich mich besonders gut. In den Kriegsjahren durften die Bauern ihre Erzeugnisse wie Milch, Eier und Fleisch nicht vollumfänglich für sich selbst nutzen, beachtliche Mengen mussten für den Verkauf an die städtische Bevölkerung freigegeben werden. Wir litten keinen Hunger, aber die Zeiten waren entbehrungsreich. Einmal schlug ich dem Pflegevater vor, die Kuh nicht ganz abzumelken. Sobald die Kontrolle vorüber gewesen wäre, hätten wir einige Liter Milch mehr zur Verfügung gehabt. Als die Bäuerin von der Idee erfuhr, schrie sie Zetermordio, sah die Schummelei als Beweis für meine schlechten Gene und wünschte mich als typischen Lüdi-Spross dahin, wo der Pfeffer wächst. Ich müsse dressiert werden, war von nun an der am häufigsten gehörte Satz meiner Kindheit.

Schuldzuweisungen mache ich keine. Die Zeiten waren auch für andere hart. Für mich brachte das Erlebte frühe Erkenntnisse, die meinen weiteren Weg positiv beeinflussten. Aufgrund meiner Kindheit sollte mein späteres Leben frei und großzügig, nachsichtig und selbstbestimmt verlaufen. Als Kind vermisste ich die Toleranz mehr als alles andere, und was die Unzufriedenheit aus den Menschen machen kann, sah ich bereits als kleines Mädchen. Wie ich nicht werden wollte, das zeigte mir die verhärmte Pflegemutter mit ihrem unerfüllten Dasein tagtäglich: Die enge Welt im damaligen Emmental mit seinen Bewohnern, beides von Jeremias Gotthelf so trefflich beschrieben, nahm ich als Kind auf dem Hof im Kleinen wahr. Spannungen und Stimmungen, die ich nicht benennen konnte, und doch spürte ich, dass etwas Grundsätzliches ungut war, man Probleme und Unmut vor sich herschob und sich das Aufgestaute irgendwann auf unberechenbare Art und Weise entladen konnte.

Die Wohnverhältnisse waren ebenso trübsinnig und beengend wie die Platzverhältnisse im Herzen der Bäuerin. Das Haus hatte niedrige Decken und kleine Fenster, die sich dem eindringenden Tageslicht ebenso erfolgreich widersetzten wie anderen äußeren Einflüssen. Auch an strahlenden Frühlingstagen schien das schnörkellose Innere schwermütig und unversöhnlich. Tisch, Stühle und ein Geschirrschrank waren aus massivem Holz, eine Standuhr zeigte tickend das Vergehen der Zeit an. Mehr Mobiliar, gar ein hübsches Sofakissen oder einen Ziergegenstand gab es nicht.

In Erwartung schlimmer Katastrophen und in kleinlicher Erinnerung an nichtige Misslichkeiten lachte oder scherzte die Hausherrin selten. Mich berührte sie – abgesehen von den Schlägen – in all den Jahren nur wenige Male. Die einzige körperliche Annäherung meinerseits ließ sie bei der halbjährlichen Kopfwäsche zu, einer langwierigen Prozedur mit mehrmaligem Auswaschen der Seife, die ich in ihr hüftlanges Haar einmassieren durfte. Ansonsten wusch man sich möglichst schnell und verschämt am Trog auf dem Vorplatz – gebadet habe ich in all den Jahren nie. Nachdem die kostbare Flasche mit der flüssigen Seife wieder zugeschraubt und drei Tropfen Öl auf dem Schopf der Bäuerin verteilt worden waren, durfte ich ihr mit einem Plastikkamm, den sie wie eine Kostbarkeit in der Nachttischschublade aufbewahrte, das Haar kämmen. Eine halbe Stunde später wurde die luftgetrocknete Pracht bereits wieder zu einem Dutt gebändigt, der wie eine faule Kröte in ihrem Nacken hockend nach Luft zu schnappen schien: Auf ein Kopftuch, das anderen Landfrauen als Schutz vor Staub und Schmutz diente, verzichtete sie. Das war die einzige Extravaganz, die sie sich gönnte. Sie besaß ein paar Röcke, wenige Blusen und eine Wolljacke. An Sonntagen wurde eine saubere Schürze umgebunden, das war alles.

Das ländliche Leben war karg und anstrengend, hätte aber durchaus Abwechslung und Freudigkeiten geboten: einen Tanzanlass oder das Dorffest. Solche Vergnügungen versagte sich die Bäuerin strikt, und ihr Mann tat in allem, wie sie befahl. Wenn andere Frauen die Blusen und Schnabelmieder aus dem Schrank nahmen, die gemusterten Schürzen umbanden, gehäkelte Strümpfe anlegten und in die Spangenschuhe schlüpften, schien es, als wittere die Hungerbühler, was hinter verschlossenen Türen vor sich gehen könnte. Missmutig hockte sie auf dem Sofa und murmelte, eine Kugel aus grober Wolle aufwickelnd, Unverständliches vor sich hin. Prompt liefen wenig später herausgeputzte Frauen lachend und singend an unserem Haus vorbei in Richtung Dorfplatz. Jetzt stand die Bäuerin mit verschränkten Armen vor der Haustür. Wippende Fäckli, Spitzhauben und Strohhüte schimpfte sie Glump, die gut gelaunten Trägerinnen »eitle Weiber«.

Die Sparsamkeit artete, wann immer sich die Gelegenheit bot, in Geiz aus. Sie verwaltete und prüfte die eingebrachten Vorräte mit Argusaugen, und die in der nachbarlichen Rauchküche getrockneten Würste wurden bewacht, als handle es sich um Goldbarren. Manchmal schlich ich heimlich in die Vorratskammer und schlug am Zuckerstock einen winzigen Splitter ab, in der Hoffnung die Bäuerin merke es nicht, und einmal schöpfte ich beim Rahmen einen Löffel Nidel ab. Die neue Mutter bemerkte den Diebstahl sofort, und obwohl ich irgendeiner Katze die Schuld in die Schuhe schob, versetzte sie mir die erste Tracht Prügel meines Lebens.

Von da an war der Alltag von unkontrollierten Gewaltausbrüchen überschattet. Ein Grund ließ sich immer finden: ein Fleck auf der Schürze, ein freches Wort. In blinder Rage schlug und prügelte die Hungerbühler mit dem Teppichklopfer auf mich ein, worauf ich tagelang am ganzen Körper starke Schmerzen litt, was sie als Zimperlichkeit, Simulantentum oder schlicht als Lügerei abtat. Was sie sagte, dachte und machte, wurde in vielerlei Hinsicht auch zu meiner Wahrheit, und wären meine Flecken, Striemen und Schrammen nicht sichtbar gewesen, hätte ich mich selbst der Fantasterei beschuldigt. Die Bitterkeit lag jeweils ab den frühen Morgenstunden in der Luft, und oft war der aufkeimende Hass mit Asthmaanfällen verbunden, die ihr die Luftröhre verschlossen und den Atem zu einem erstickenden Hecheln verkürzten. In Panik riss sie sich die obersten Knöpfe der schwarzen

Bluse auf, leichenblass und mit gesenktem Kopf stützte sie sich mit beiden Armen auf einen Stuhl ab, und wohl in der unsinnigen Furcht, ihre Existenz könnte bald beendet sein, schlug sie erneut auf mich ein. In der Gewissheit, dass ihr Überleben immer eine gemachte Sache war, tupfte ich ihr zwischendurch geflissentlich die Schweißperlen von der Stirn, und die Rückkehr in den Alltag feierte sie stets mit einem Glas Schnaps, einem Löffel Honig und den immer gleichen Erinnerungen an all das Schlechte, das ihr je widerfahren war. Die Schwiegermutter, die sich zuerst Suppe schöpfte. Der undankbare Neffe, der sich für den Einfränkler nie bedankt hatte. Die Brüggi Else, die um drei Eier anfragte und nur zwei zurückgab. Eine unsinnige Aneinanderreihung von engstirnigen Gedanken betete sie wie ein Mantra vor sich her. Und noch geschwächt, blickte sie bereits wieder aus dem Fenster, um die zahlreich beobachteten Versäumnisse der schlampigen Nachbarin zu kommentieren, die das Mittagessen nicht mit dem mittäglichen Glockenschlag, sondern mit fünfminütiger Verspätung auf den Tisch brachte. Schon wieder einen neuen Hut ausführte. Die Leintücher falsch gefaltet zum Trocknen aufgehängt hatte.

Kam der Mann nach einem nachmittäglichen Tobsuchtsanfall der Pflegemutter aus der Fabrik nach Hause, erwartete ihn das Abendbrot so pünktlich und zuverlässig wie die Wiederholung der immer gleichen Tiraden, die sein Verhalten betrafen. Er sagte nichts, war aber auf der Hut, denn je wütender seine Frau schimpfte, desto größer die Wahrscheinlichkeit, dass sie in die Küche rannte und die Axt von der Wand riss. Zu diesem Zeitpunkt war er bereits auf der Flucht, ließ ein verrutschtes Tischtuch und umgefallene Stühle zurück, stolperte in Pantoffeln ins Freie, die furiose Frau mit der Waffe hinterher. Ich begann die neue Mutter zu verabscheuen. Einmal erwachte ich verschwitzt und konfus: Die ewige Unzufriedenheit hatte eine hexenähnliche Kreatur geformt, die sich von der Freudlosigkeit ernährte und durch Wände blicken konnte. Ein anderes Mal träumte ich, wie der Hungerbühler mit gespaltenem Schädel blutüberströmt auf dem Miststock liegt.

Einsamkeit, die ich als kleines Mädchen nicht in Worte fassen konnte, umgab mich als Verlassenheit, die schwer auf mir lastete. Einmal wollte ich weg, zur sehnsüchtig vermissten Mutter, von der ich einzig wusste, dass sie irgendwo im Kanton Bern weilte. Ich versteckte mich hinter einer Schubkarre im Garten, ratlos, in welche Richtung mein Weg führen sollte. Zusammengekauert wartete ich in meinem Versteck den Einbruch der Dunkelheit ab. Stundenlang. Die Kälte kroch mir in die Glieder, und die wütenden Rufe der Pflegemutter ängstigten mich. Irgendwann erkannte ich die Sinnlosigkeit des Unterfangens: Es gab keinen Fluchtort und niemanden, den ich ins Vertrauen hätte ziehen können. Auf Zehenspitzen schlich ich ins Haus zurück, wurde von der Bäuerin ertappt und erhielt eine weitere Tracht Prügel.

Die Erkenntnis, dass es kein Entrinnen gab, führte dazu, dass ich mich mit dieser Existenz abzufinden begann und das Beste daraus machen wollte. Veränderungen waren unmöglich, glücklicherweise realisierte ich dies bereits als kleines Kind. Die viele Arbeit war Ablenkung und Rettung vor der Pflegemutter. Jeden Tag musste geputzt, gekocht, gemistet, gefüttert werden. Die Regeln und Gepflogenheiten in meinem beschränkten und eingeengten Dasein hielt ich bald für normal, ich verinnerlichte vieles, und gegen die Bösartigkeit der Herrscherin über Haus und Hof kämpfte ich mit kindlichem Opportunismus an. Indem ich mich zumindest vordergründig fügte und mich so angepasst verhielt, dass ihr Zorn nicht provoziert wurde.

Meine verbleibenden Energien investierte ich in Streiche und Frechheiten, die mich allein erheitern sollten, ein Ansinnen, das leider des Öfteren schiefging. Auch das Einsammeln der Eier und die Kontrolle der Legehennen gehörten zu meinen ständigen Aufgaben. Über jene Hühner, die nach Meinung der Bäuerin zu wenige Eier legten, wurde das Todesurteil gefällt. Ich fand das ungerecht und manipulierte die Listen, auf denen ich die Anzahl der Eier festhalten und den einzelnen Hennen zuordnen musste. So wurden die schwachen Tiere geschützt, und die Erfolgshennen landeten im Suppentopf. Wegen der kleiner werdenden Eierträge flog der Schwindel auf, und die gut gemeinte Tat endete mit Striemen und blauen Flecken.

Über meine geliebte und so sehr vermisste Mutter sprach ich nicht mehr. Ein faules und unstetes Weibsbild, das ständig die Stellen wechsle, nicht arbeiten könne und nicht imstande sei, für die missratene Brut zu sorgen, hatte die Bäuerin auf frühere Nachfragen geantwortet. Ich wusste, dass sie log, und trotzdem schaffte sie es, einen Stachel in mein Herz zu treiben. Übermäßige Sehnsucht vermischte sich nun mit Zorn darüber, dass mich meine Mutter vielleicht doch leichtfertig verlassen hatte.

Im Nachhinein betrachtet, war dieser Groll das einzige Geschenk, das mir die Bäuerin je machte, ohne ihn wäre die schweigsame Abwesenheit der Mutter nicht zu ertragen gewesen. Stumm geführte Kindergespräche blieben ohne Antwort. Ich weinte bittere Tränen, machte der Mutter Vorwürfe, bat sofort um Verzeihung, flüsterte Liebesbekundungen, schluchzte sie nach besonders harten Tagen herbei. Es nützte alles nichts, und die halbjährlichen Besuche waren jedes Mal ein Schock, weil sie ohne Vorankündigung stattfanden. Die Pflegemutter hielt Briefe und Postkarten zurück, die zu Vorfreude hätten führen können, die sie mir nicht gönnen mochte. So stand die Mutter wie ein Geist plötzlich vor der Tür, eine Tafel Schokolade in der Hand, mich fragend und erwartungsvoll anblickend. Die Fremdheit lag wie eine Eisenplatte zwischen uns. Ich wusste nicht, was ich mit ihr hätte reden können, es gab so viel zu sagen. Empfand brennende Eifersucht auf den kleinen Balg an ihrer Seite – meinen jüngsten Bruder –, der mich blöd und wortlos anstarrte. Sie blieb zwei, drei Stunden, die ich mir bis zu ihrem nächsten Besuch tausendmal durch den Kopf gehen ließ: Die Frage – Hast du es gut hier? –, die ich mit trotzigem Kopfnicken bejahte. Das mir mitgebrachte und am Mund abgesparte Glas Honig schenkte ich vor ihren Augen der erfreuten Bäuerin, die mir als Verbündete mehr brachte, und dazu log ich: »Honig mag ich nicht.« Dann wollte ich hinaus zum Spielen in den Wald, hatte keine Zeit für die Mutter, winkte ihr von weitem zu, wenn sie sich wieder aufs Fahrrad setzte und mit traurigem Rücken die anstrengende Heimreise antrat. Nachts weinte ich in mein Kopfkissen. Die Einsamkeit dieser Jahre bleibt unbeschreiblich und unvergesslich. Aber die Gewissheit, widrigste Umstände allein bewältigen zu können, resultiert auch aus dieser Zeit, und sie trug mich durch mein weiteres Leben. Ich beklagte mich nicht und äußerte meine Sorgen nicht. Man könnte denken, ich hätte mich hilflos und ausgeliefert gefühlt: Aber so war es nicht.

Als Realistin, die ich auch heute bin, wusste ich, dass keine Hilfe zu erwarten war, und so suchte ich in den folgenden Jahren die Hilfe in mir selbst. Bevor ich eingeschult wurde, kaufte die Bäuerin bei einem Hausierer zwei neue Kleidchen aus grobem Stoff und Schnürstiefelchen, die mir kostbar und exotisch vorkamen. Bisher trug ich die Kreationen des Herrn Bigler. Als Kostgänger bewohnte er im Haus ein Zimmer im oberen Stockwerk und saß mit den Bauersleuten in kalten Winternächten am Kachelofen, den Kopf dem Radio zugewandt, aus dem die Kriegsberichte jener Zeit und Marschmusik ertönten. Er schnitzte und feilte das damalige Schuhwerk der Bauern, die sogenannten Holzböden, die er mit auswechselbaren Lederhauben bestückte. Die wenigen Anschaffungen, die mit meiner Anwesenheit verbunden waren, beklagte die Bäuerin stets heftig. Später, wenn der jährliche Schulausflug oder der lang ersehnte Zirkusbesuch anstand, quälte sie mich bis zum letzten Moment mit dem Zweifel, ob sie mir die benötigten fünf Franken aushändigen würde. Ich war in dieser Zeit darauf bedacht, nichts falsch zu machen, Zusatzarbeiten zu erledigen, nett zu sein.

Davon ahnte ich noch nichts, als ich die halbhohen Schuhe mit den kostbaren Ledersohlen und den mattsilbernen Ösen zum ersten Mal schnürte: entschlossen, den Gang in die Freiheit anzutreten. Bereits der Schulweg war ein Abenteuer für mich und bedeutete eine Flucht aus meiner mir eng gewordenen Welt: Ich blieb stehen, wann immer ich wollte, ging vom Pfad ab, rannte, damit ich auf dem großen Stein mit Blick auf ein Löwenzahnfeld eine Pause machen konnte und trotzdem pünktlich auf den Hof zurückkam.

Ich begann meinen Sinn für die kleinen Freuden des Alltags zu schärfen. Eine Blume, ein Schmetterling, der Mond bleiben immer schön und gehören jenen, die unglücklich sind. Die Hofarbeit erledigte ich nach der Rückkehr aus der Schule und die Hausaufgaben oft spätnachts. Dennoch erwies ich mich als passable Schülerin und ausgezeichnete Sportlerin.

Zäh und mit einer guten Kondition ausgestattet, warf ich die höchsten Bälle, rannte und kletterte schneller als alle andern und verschaffte mir weiteren Respekt, indem ich mich in manche Prügelei verwickeln ließ. Das Stigma des Verdingkindes haftete nicht an mir, und außerhalb der bäuerlichen Scholle verteidigte ich mich meist erfolgreich gegen Angriffe.

Vielleicht verhinderte auch die schweigsame Präsenz meiner Verwandten – der Hof des Großvaters thronte sichtbar für alle über dem Dorf – Gemeinheiten, die anderen Verdingkindern nicht erspart blieben. Einmal wurde im Dorf erzählt, ein angenommener Bub sei unter mysteriösen Umständen ums Leben gekommen. Ich kannte ihn. Er trug abgetragene Kleidung, war unsauber und ausgehungert. Bei unvermittelten Bewegungen duckte er sich verängstigt, schämte sich für seine Angst und das Lachen grausamer Mitschüler, die nun aus Jux die Hand gegen ihn erhoben. Er sprach kaum und reagierte mit Hass, wenn man sein plötzliches Bedürfnis nach Nähe abwehrte. Er habe sich im Zaumzeug eines Pferdes verwickelt und sei zu Tode geschleift worden, hieß es. Aber alle wussten, dass der Rechtlose einer brutalen Bestrafungsaktion zum Opfer gefallen war. Wie diesem Knaben erging es auch meinem weiter entfernt untergebrachten Bruder schlecht. Nicht nur die Bauern misshandelten ihn. Wegen der zu erledigenden Hofarbeit kam er oft zu spät in den Unterricht und wurde vom Lehrer geschlagen und gequält, wie ich Jahre später erfuhr.

Die Erbarmungslosigkeit kannte keine Grenzen, weil keine Konsequenzen zu befürchten waren. Niemand fragte nach. Keine Nachbarn, kein Pfarrer, keine Beamten, keine Eltern. Auch nach dem Tod des unbekannten Jungen nicht, der ungeklärt blieb und dem ein Martyrium vorausgegangen sein musste. Dieses Verdingkind würde ein Denkmal verdienen, in Vertretung für alle anderen, die so viel mehr erleiden mussten als ich. Aber dieses Kind ist längst verscharrt und vergessen, und seine Leiden bleibt ungesühnt, die Strafe dem Mörder erspart.

Eine Prüfung meiner Situation durch jene Behörden, die meine Wegnahme anordnet hatten, fand nie statt. Im Vergleich mit anderen gab es nichts zu klagen: Ich trug geflickte Kleider, durfte am selben Tisch essen wie die Pflegeeltern und schämte mich für nichts. Was eine richtige Familie sein kann, was Geborgenheit und Zuwendung bedeuten und zu welchen Genüssen ein leibliches Kind in dieser Hinsicht kommen kann, begann ich durch die unbeschwerten Erzählungen meiner Kameraden zu erahnen. Auch der eigene Nachwuchs war in diesen Jahren nicht immer geplant und gewünscht, er kam einfach, war im besten Fall etwas Selbstverständliches und in jedem Fall auch dazu da, um in Haus und Hof mitanzupacken. Trotzdem: Drachen fliegen lassen im Herbst. Ein Chilbi-Besuch – die bemalten Sitze an den langen Leinen flogen durch die Luft, man schrie vor Freude. Huckepack auf dem Rücken des Vaters über ein Bachbett getragen werden. Das schöne Sommerkleid, das die Mutter genäht hat. Der Großvater, der das Buch mit den sieben Weltwundern und die Sternbilder am Himmel erklärt. Lachen, streiten, sich versöhnen. Es gut meinen. Eine Familie sein.

Einmal in zehn Jahren unternahm ich mit den Pflegeeltern einen Ausflug ins Nachbardorf. Es war der Nationalfeiertag. Glitzerregen rieselte auf uns nieder. Rundherum wurde geschwatzt und gelacht, die anderen Kinder trugen farbige Lampions an Holzstecken durch die Nacht und tranken Himbeersirup aus Plastikbechern. Die Pflegemutter hielt solche

Ausgaben für Verschwendung. Wir standen wortlos und jeder für sich verloren am Rand des Geländes. Schließlich schenkte mir ein Mädchen ein bengalisches Streichholz – das vergesse ich dem Mädchen nie –, und ich zog den zweifarbigen Schweif langsam durch die Dunkelheit. So etwas Schönes hatte ich noch nie gesehen. Dann wollte die Mutter zurück, und der einzige Familienausflug mit den Hungerbühlers wurde vorzeitig beendet.

Mein Alltag fand im Rhythmus der Natur statt, dem ich mich unterordnen musste, weil er die Arbeit auf der Scholle diktierte. Dass die Jahre ins Land zogen, merkte ich in diesem Dasein, in dem keine Geburtstage gefeiert wurden, an den Feldern, die sich veränderten, den Geräuschen, den Gerüchen. Wir lebten vollkommen autark und bis auf das Radio ohne Einflüsse, ohne Kontakte oder Anregungen, die mich mit den Erlebnissen, Erfahrungen und Gefühlen einer äußeren Welt in Verbindung gebracht hätten. Musikveranstaltungen und Theater, Menschen, die gesellig sind, lachen und Spaß zusammen haben: Das alles existierte bereits, als ich ein Kind war.

Die innere Abgeschiedenheit wurde zu einer Normalität, zu einem Zustand, der meiner Fantasie nicht geschadet hat, im Gegenteil. Der Umstand, dass meine Gedanken frei waren, die Hungerbühler mir nicht in den Kopf blicken konnte, erschien mir als kostbarster Vorteil. Aber vielleicht braute sich damals zusammen, was viel später erst einen unerwarteten Ausdruck fand: ähnlich einer Tischbombe mit überraschendem Inhalt, der sich in alle Richtungen verteilt. Als könnte ich das quälende Schweigen und das Nichterleben auf dem Hof ungeschehen machen, brach der Wortschwall Jahrzehnte später aus mir heraus, redend, diskutierend, erzählend, und eine unbändige Gier, zu erfahren, was das Leben alles beinhalten kann, packte mich.

In den großen Schulferien nahm ich die Befehle und Beschimpfungen der Bäuerin entgegen und ging meinen täglichen Verpflichtungen mehrheitlich wortlos nach. Die Sommermonate waren auch körperlich anstrengend: Zu den obligaten Aufgaben kam die Feldarbeit hinzu, Gras rechen und das Heu einbringen, im großen Gemüsegarten jäten und ihn pflegen, die Ernte rüsten und verarbeiten. Es gab Harke, Schaufel, Sense und Mistgabel, eine Schubkarre und einen Jauchewagen, den ich über das Feld zog und der mich zu einem unsäglich stinkenden Lumpenkind machte. Die Hausarbeit fand ohne die technischen Hilfsmittel statt, die es in den Städten bereits gab. In den kalten Monaten zu Bergen angehäuftes Waschgut wurde in der warmen Jahreszeit tagelang am Brett gebürstet und mit einem langen Stock aus der siedend heißen Brühe in einen Bottich mit sauberem Wasser gehievt. Die schweren Leintücher und die Kleider aus Wolle und Leinen schleppte ich in den Garten und hängte alles nach Anordnung der Bäuerin in der Sonne zum Trocknen auf. Als Zwölfjährige hatte ich Muskeln wie ein Gewichtheber, und bereits Ende Juni war ich braun gebrannt, die Haare von hellen, trockenen Strähnen durchzogen.

Korn bauten wir nicht an, so wurde ich im Spätsommer angewiesen, bei den umliegenden Bauern anzufragen, ob ich auf den abgemähten Feldern die liegen gebliebenen Ähren einsammeln dürfe. Fast alle erlaubten es, in manchen Augen sah ich stummes Mitleid, das ich nicht wollte und zudem für überflüssig hielt. Im August, die Sonne stand im Zenit, war es auf den Feldern oft totenstill. Die Vögel hatten Zuflucht in kühlen Baumkronen gesucht, und auch die sonst so arbeitsame Landbevölkerung war in den heißesten Stunden nicht zu sehen. Ich zog den Leiterwagen durch die sengende Hitze einer verblassenden Natur und stellte mir ohne Neid vor, wie sich andere Menschen Erfrischung in Flüssen und Seen verschafften, im Schatten von Erlen und Tannen gekühlten Most tranken oder in einer städtischen Gartenwirtschaft Eis löffelten. Je nach Größe des abzuarbeitenden Feldes dauerte das Einsammeln stundenlang. Ich ging systematisch vor, lief den durch die Mähmaschinen geschaffenen Stoppellinien entlang, einer nach der anderen, es waren Hunderte, und mit zerstochenen Fingern klaubte ich die abgebrochenen Ähren vom Boden, Zehntausende. So füllte ich die um die Hüften gebundene Leinentasche. Eine nach der anderen. Ich sehnte Wolken, Wind und Regen herbei wie später nie mehr und musste mich mit der einbrechenden Dämmerung zufriedengeben: Eine leichte Brise trocknete den schwitzenden Körper, der Horizont wurde zu einem schmalen Streifen Himbeereis, und die rauschenden Wälder verloren sich im eindunkelnden Himmel. Bevor alles schwarz wurde, trank ich den letzten Schluck lauwarmen Pfefferminztee aus der Thermoskanne, und der Leiterwagen musste nun mit gefüllten Leinensäcken beladen sein. Grillengezirp begleitete meinen Heimweg, und am nächsten Tag zog ich zur Mittagszeit erneut los. Das Korn wurde in der Dorfmühle gemahlen, anschließend ließen die Hungerbühlers das Mehl in der Bäckerei für wenige Rappen zu Brot verarbeiten. Als runder Laib mit knuspriger Kruste lag es schließlich auch in der kalten Jahreszeit tagtäglich auf dem Tisch. So dachte ich auch im Winter sehr oft an den Sommer.

Mein Leben war geprägt von Erlebnissen und plötzlichen Einsichten, die Veränderungen möglich machten, mich anders weitermachen ließen: Das zweite Mal geschah es Jahre nach dem verhinderten Fluchtversuch. Wochen, in denen die sommerliche Einöde und meine unausgesprochenen Sorgen trotz aller Verhinderungsstrategien besonders schwer wogen, sorgten für einen eigenartigen Zustand: tief, dunkel, hoffnungslos, aber auch schön und beruhigend in seiner scheinbaren Endgültigkeit. Das Messer zog ich beinahe wie in einem Bann aus der Schublade, verharrte, die scharfe Klinge am Handgelenk, eine Ewigkeit am Küchenfenster. In einem Meer aus Blut und Selbstmitleid wollte ich untergehen. Bläuliche Gummifäden, meine Adern, die sich unter der durchscheinenden Haut abzeichneten, mit einem scharfen Schnitt durchtrennen, merken, wie das Leben aus mir herausströmt, bis ich nichts mehr fühle und am Boden liegend sterben kann. Es ging nicht. Unmöglich. Zuerst schämte ich mich für meinen fehlenden Mut, dann erkannte ich, dass genau Mut es zuließ, die verbleibenden Jahre durchzustehen. Dem gesunden Überlebenswillen konnte das Elend nun nichts mehr anhaben, und der erfolgreich überwundene Tiefpunkt brachte als Belohnung ein Mäntelchen aus Wachs, das mir nun um die Seele wuchs. Einiges wurde mir egal, anderes begann ich zu akzeptieren, ohne die Gründe verstehen zu wollen. Die wachsende Stärke war ein Geschenk, der Rest Verdrängung.

So gelangte ich irgendwann zum Schluss, auf der Sonnenseite des Lebens zu stehen. Vielleicht lag es an den zähen Lüdi-Genen des Großvaters, dass ich mich mit zunehmendem Alter anzupassen wusste und innerlich unbeugsam blieb, wohl aber auch daran, dass ich die frühen Jahre bei der Mutter hatte verbringen können. In jenem fernen Leben, an das ich mich zu diesem Zeitpunkt kaum erinnerte, musste es Liebe und Schutz gegeben haben, beides schuf einen inneren Nährboden, von dem ich jahrelang zehrte. Was die Mutter in den Jahren unserer Trennung durchmachte, wie schlecht es ihr erging, erfuhr ich später, und einmal stand sie, wie immer unvermutet, vor der Haustür, hatte sich das Zugbillett vom Mund abgespart, dem Bauern, ihrem Herrn, zwei Freitage abgebettelt. Sie nahm mich bei der Hand. Wir unternahmen einen Ausflug. Ich wusste nicht, wohin es ging. Dann standen wir in einer dunklen Scheune, es roch nach Staub und Tieren. Wir betrachteten die Reste der Vergangenheit, die Reste eines Lebens. Die eingestellten Möbel aus dem gemeinsamen Haushalt mit dem verstorbenen Vater brachten den Geruch und die Stimmen einer Familie zurück. Mutter zog die Schubladen der Kommode auf, betrachtete die Habseligkeiten, öffnete eine kleine Emaille-Dose, hielt sich ein Hemd des Vaters ans Gesicht. Ihre Entwurzelung war spürbar.

Erst als ich eigene Kinder hatte, dachte ich über das Ausmaß ihrer Verzweiflung nach, die unsere Wegnahme und ihre Machtlosigkeit bewirkt haben müssen, und wie still sie das alles ertrug, ich dachte zurück an unsere seltenen Zusammentreffen und ihre bruchstückhaften Erzählungen aus einem Leben, das kein eigenes war, sondern immer im Dienst herrschaftlicher Ansprüche stand. Tausendfach ungelebt, zuerst erzwungene Bedürfnislosigkeit und dann verinnerlichte, ohne Chance auf einen Befreiungsschlag. Wir sprachen auch bei späteren Besuchen nur wenig. Das Schwere lastete auf uns beiden. Manchmal sprach sie in Erinnerung an die winterliche Geschichte der Großmutter von der nicht zu ändernden Kälte ihrer unbeheizbaren Kammer. Mein kleiner Bruder an ihren frierenden Körper geschmiegt. Schlaflos und froh, wenn der Tag anbrach und die Klammheit durch Arbeit vertrieben werden konnte.

Nach diesem Ausflug wollte ich bei ihr bleiben und glaubte ihr, als sie sagte, dies sei auch ihr größter Wunsch, der leider unerfüllbar bleibe. Der kleine Bruder sei kaum geduldet, beinahe versteckt vor dem Bauern müsse er die Zeit im winzigen Zimmer oder im Heuschober verbringen. Sie selbst, von frühmorgens bis spätnachts beschäftigt, sei ohne Chance auf eine Wiederverheiratung, könne kein zweites Kind vom kargen Lohn ernähren. Sie hob mein Kinn an ihr Gesicht, fragte erneut eindringlich: »Hast du es gut hier?« Ich nickte. Nicht trotzig diesmal, sondern aus Mitgefühl. Wir standen bereits vor der Tür der Hungerbühlers, und die Erinnerung an Mutters bedingungslose Zuneigung löste sich bis zum nächsten Besuch in sechs Monaten in Luft auf.

Die Jahre zogen ins Land: Im Frühling schüttelte ich Maikäfer von den Bäumen, die wir kilogrammweise als Hühnerfutter verkauften. Im Sommer bohrte ich Löcher in die Erde im Gemüsegarten und musste auf Geheiß der Bäuerin Öl hineingießen. Das grillenartige Ungeziefer kam sofort an die Oberfläche, bewegte kurz ruckartig den Kopf und war tot. Im Herbst trieben die anderen Kinder Holzreifen über den Pausenplatz. Walti besaß einen Tanzbär aus bemaltem Blech mit einem Schlüssel im Rücken. Dieser zog eine Sprungfeder im Innern auf, worauf das Tier mit zusammenschlagenden Tatzen davontakste und gegen das nächste Hindernis prallte. Wir kreischten vor Freude. Sepp besaß ein Jo-Jo aus Holz, Grete eine gestrickte Maus mit grünen Glasaugen und Lotte winzige Blechtellerchen, auf denen sie uns in der Pause Kieselsteine servierte. Ich besaß die Lumpenpuppe. Sie war nackt und nicht vorzeigbar.

Einmal entdeckte ich auf dem Dachboden der Hungerbühlers einen verschnürten Karton. Beim heimlichen Öffnen fielen mir in Seidenpapier eingeschlagene Babykleider in die Hände: gestrickte Strampelanzüge, mit Litzen und Borden verzierte Pantöffelchen, plissierte Höschen mit lustigen Knöpfen. Die Liebe war förmlich spürbar, die dem Träger dieser Garderobe entgegengebracht worden war. Ich hielt die zarten Hemdchen gegen das Licht, der Stoff war so fein, dass das Licht durchschimmerte. Es waren die Kleidchen eines leiblichen Kindes, wie ich später in Erfahrung brachte. Des Sohnes. Ihr ganzer Stolz. Er besaß eine Silberrassel und ein koloriertes Märchenbuch, aus dem ihm der Bauer vorlas. Nie frech und kein Lüdi-Balg. So klug und gebildet, dass er außerhalb der elterlichen Scholle etwas sein wollte. Dem sie alles gaben und der ihnen alles nahm, als er sich erschoss und die Eltern allein ließ, mit der Bitterkeit und dem Unverständnis. Mit dem Hass. Auf sich. Auf mich, die das Verlorene nicht ersetzen durfte, weil das Verrat gewesen wäre.

Davon wusste ich nichts, als sich die Chance bot, meine Lumpenpuppe neu einzukleiden. Die Bäuerin witterte wie immer, was vor sich gehen könnte, schlich sich auf Zehenspitzen an und überraschte mich in flagranti. Wir waren beide sprachlos. Die unmögliche Puppe steckte in einer viel zu großen Kreation, so sah sie verwahrloster aus als zuvor und schlimmer: Wie wenn sich ein Clochard mit theatralischer Geste einen Hermelinpelz über die Schultern werfen würde, schien die trostlose Gestalt das kostbare Kleidchen zu verhöhnen. In Erwartung von mindestens einer schallenden Ohrfeige war ich überrascht, als die Bäuerin die filigranen Textilien ohne Kommentar zusammenfaltete, wegräumte, die Sache ungestraft auf sich beruhen ließ und mich in die sonntägliche Freizeit entließ.

Diese beschränkte sich auf zwei Stunden, die ich nicht in der stickigen Enge des Hauses verbringen mochte. Ich lief in den Wald zu meinem liebsten Ort. Bereits auf dem Weg suchte ich Moosstücke, die ich dann dort an windgeschützter Stelle um wild wachsende Maiglöcklein und Veilchen arrangierte. Aus Hölzchen und Rinden erschuf ich mir ohne Blechbär und Puppe eine fantastische Welt, in der ich spielen lernte. Die aus Weidenästen gefertigten Bewohner trugen wilde Himbeeren als Kopfputz, und ihre Kleider waren Efeublätter. Sie ernährten sich von Vogelbeeren, und das mit Waldmeisterblüten aromatisierte Regenwasser tranken sie aus einem Schneckenhaus. Arbeiten mussten sie nicht, langweilig war ihnen nie. Sie hatten im Überfluss, was mir fehlte: Zeit. Denkzeit. Spielzeit. Freundinnenzeit, Nichtstunzeit. Im Herbst kamen seltsam aussehende Tiere dazu, Fabelwesen, aus polierten Kastanien und Zündhölzern zusammengesteckt. Im Winter schuf ich den Bewohnern eine schützende Höhle aus Schnee, ernannte eine Königin zur Herrscherin und umzäumte ihr zauberhaftes Anwesen mit glitzernden Eiszapfen.

Beinahe glücklich rannte ich auf den Hof zurück, die aufgeräumte Stimmung entging der Bäuerin nicht, und irgendwann befahl sie Auskunft. Aber über ein Refugium, das nur mir gehörte, verweigerte ich die Antwort. Fortan hatte ich während der sonntäglichen Freizeit kleine, aber wichtige Aufgaben zu erledigen, und damit ich die Suppe auf dem Herd überwachen konnte, musste das Spiel in der Nähe des Hofes stattfinden. Als ich Monate später den Zaubergarten aufsuchen wollte, fand ich ihn nicht mehr.

Die Fantasie führt einen, wohin man will, und macht aus einem, was man vielleicht nie sein wird. Im dunklen Keller verbrachte ich Monate meines Lebens zwischen angehäuften Wintervorräten: Leinensäcke, gut verschnürt. Die ganze Obsternte, in Hunderten von Gläsern eingemacht. Die im Estrich in langen Straßen zum Trocknen aufgehängten Bohnen abgefädelt und in mit Stoff ausgeschlagene Kisten verpackt. Die Runkeln geputzt, das Schwein getötet, dreißig Würste gegen Käse eingetauscht. Das fein geschnittene Sauerkraut lag im Holzfass mit der Salzlake, die immer wieder umgerührt werden musste. Vor mir türmten sich Hunderte von Kartoffeln, die ich vor der Verwendung jeweils im eisig kalten Wasser am Waschtrog waschen und zuvor von sprießenden Keimen befreien musste.

Es war der letzte Winter bei den Hungerbühlers. Ich war fünfzehn und noch ein Kind. Die anderen prahlten mit einer Tanzveranstaltung, einer Lehrstelle als Friseuse, und Lotte behauptete, Egon habe sie hinter dem Pausenplatz geküsst. Auf den Mund. Meine einzige Begegnung mit dem anderen Geschlecht hatte Wochen zuvor auf dem Untersuchungsstuhl eines Gynäkologen geendet. Der Nachbarsjunge hatte sich mit einer Leiter Zutritt zu meiner Kammer verschafft, die ich bewohnen durfte, seit der Kostgänger Bigler ausgezogen war. In einem hochgeschlossenen Nachtkleid fuhr ich erschrocken aus dem Schlaf, als mir der Bengel – neben dem Bett stehend – seine Liebe gestand. Kurz darauf stürmte die Bäuerin ins Zimmer, schimpfte mich ein liederliches Frauenzimmer, und obwohl weder ein Kuss auf die Wange noch eine andere Berührung stattgefunden hatte, musste ich meine Jungfräulichkeit ärztlich bestätigen lassen, was mich unglaublich beschämte.

Auf der Kellertreppe hockend, war ich in meiner Fantasie mehr als kokett und umschwärmt: Als Nummerngirl beim Circus Knie trug ich ein paillettenbesetztes Röcklein und rote Schuhe. So lief ich mit überkreuzenden Schritten auf dem schmalen Steg der inneren Arena zügig im Kreis und hielt dem Publikum mein strahlendes Lächeln und die funkelnden Zahlenschilder entgegen. Es roch nach Zuckermandeln, nach feuchtem Fell und Abenteuer. Alle Augen ruhten auf mir, und im Scheinwerferlicht machte ich einen selbstbewussten Knicks, bevor ich hinter dem Samtvorhang verschwand: Tosender Applaus, die Kappelle spielte einen Tusch. Nun traten meine Freunde auf, der Tigerdompteur, die Trapezkünstler und der Zauberer. In Wirklichkeit tanzten Staubpartikel durch einen Lichtstrahl, der sich in den Keller verirrt hatte.

Tatsächlich waren aber auch in meiner Realität Vorbereitungen zu einem spektakulären Ereignis im Gang: zu der im Frühjahr stattfindenden Konfirmation. Der diesmal angekündigte Besuch meiner Mutter ließ mich seltsam unberührt, und das plötzliche Interesse für meine Wünsche, die Fragen der Bäuerin zu Getränken, Speisen und Kleidung empfand ich als unangenehm. Meine Fantasiekollegen aus dem Zirkus schimpften mich dumm und hinterwäldlerisch. Also entwarf ich beim Kartoffelputzen in Gedanken ein Kleid, das die Bäuerin nähen lassen wollte. Schwarz musste es sein, weit unterhalb des Knies enden, und lange Ärmel sollte es haben, so die Vorgaben.

Was andere Verdingkinder bei der Menüplanung und dem freudigen Auswählen von Tuch und Knöpfen nicht ahnten: Der einzige Festtag, den auch sie feiern durften, verzögerte auf Jahre hinaus den Gang in die Freiheit. Die Fräcke und Röcke, das Essen, der Wein, so eröffneten ihnen die Bauersleute, wenn der große Tag vorüber war, müssten über das offizielle Ende der Verdingkindzeit hinaus abverdient werden. Mir erging es besser, und betrachtet man die einzige Fotografie meiner Jugendzeit genau, glitzern durchsichtige Pailletten auf dem streng geschnittenen Oberteil meines Kleides: Hunderte hieß mich das innere Zirkusgirl gegen den Willen der

Bäuerin aufnähen. So posierte ich am Tag meiner religiösen Mündigkeit ernst und doch strahlend.

»Bleib«, sagten die Hungerbühlers wenig später im Befehlston, aber ich wusste, dass es nur eine Bitte sein konnte. Ich wollte nicht. Packte den Konfirmationsrock und ein blassgrünes Mäntelchen, das mir die Bäuerin Monate zuvor unter Wehklagen gekauft hatte, in eine Kartonschachtel. Und ging.

Schwimmen lernen

Ich lief den Weg zurück, den ich mit meiner Mutter vor zwölf Jahren gegangen war, stand auf einer fremden Straße und gelangte zum Bahnhof. Die Zugreise war ein Abenteuer, von dem ich nicht genau wusste, wie es funktionierte, jedoch, wohin es mich führen würde: ins Welschland. Auf den nächsten Hof. Dort hatte ich mir einen einjährigen Aufenthalt organisiert. Der Genfersee lag als kaltblaue Eisenplatte vor mir, die bald berglose und blasse Weite riesiger Ackerbauflächen irritierte mich, ebenso wie ein elegant gekleideter Herr, der im Abteil saß, eine Zigarette rauchte, die er einer silbernen Schachtel mit eingraviertem Monogramm entnahm, und mich mit »Mademoiselle« ansprach. Ich blickte wortlos und ohne Zeitgefühl in die fremde Landschaft, stieg in den frühen Abendstunden aus und gelangte nach einem längeren Fußmarsch zu einem gedehnten Gebäude mit modernen Stallungen. Mein neues Zuhause. Ich war für den umfangreichen Haushalt zuständig und wurde im Spätherbst den Erntearbeiten in den Weinbergen zugeteilt. Die anderen Arbeiter beklagten während der Pflückarbeit im Schatten blättriger Reben die Hitze und die langen Arbeitsstunden, die schmerzenden Knochen, den kargen Lohn.

Ich wusste zwar nicht, was Ferien sind, aber die Monate in der französischen Schweiz kamen mir unbeschwert und geruhsam vor. Genau genommen, herrschten paradiesische Zustände: Ich verdiente fünfzig Franken pro Monat, hatte am Abend und an den Wochenenden freie Stunden zur Verfügung, musste keine Schläge und Bösartigkeiten fürchten. Das Leben war unerwartet schön und verheißungsvoll. In meiner mitgebrachten Sparbüchse klimperten die von meinem Patenonkel geschickten weihnachtlichen Fünfliber, die ich jahrelang gespart hatte, und so beschloss ich bereits am ersten Sonntag einen Ausflug nach Morges.

Elegante Stadthäuser reihten sich aneinander, sogar das Kopfsteinpflaster war sauber, hin und wieder fuhr ein glänzendes Automobil an mir vorbei, dem auch die flanierenden Passanten nachblickten. Die Frauen trugen Glockenröcke, ondulierte Frisuren, rote Lippen und spitzes Schuhwerk. Lachend hakten sie sich bei jungen Männern ein, an denen alles schmal und blass schien: Anzüge, Schuhe, Silhouette, Gesichtszüge. Aus einer schweigsamen bäuerischen Welt stammend, in der bereits der Neuanstrich eines Fuhrwerkes als unanständige Eitelkeit galt, erschien mir das städtische Treiben unwirklich und exotisch. Die extrovertierte Lebensart ließ sich nicht deuten, ahnungslos und unbedarft, wusste ich nicht einmal, was mir an Erlebnissen zustehen könnte, und konkrete Wünsche hegte ich bis auf einen einzigen – schwimmen lernen – keine.

Den Blick ließ ich in den Auslagen der Schaufenster ruhen: Seidentücher in allen Farben. Bunte Plastikketten und Ringe. Sonnenbrillen. Elektrische Bügeleisen. Zwischen weichledrigen Pumps und purpurfarbenen Pantöffelchen entdeckte ich weiße Riemchensandaletten mit dünnen Sohlen. Ich entschied, meinen ersten Lohn in die exorbitant teuren Sommerschuhe zu investieren, die knapp fünfzig Franken kosteten.

Eine halbe Stunde später stand ich zum ersten Mal in meinem Leben in einer Konditorei: Puppenhausmobiliar und Porzellangeschirr. Spitzenpapier. Goldfarbene Schriftzüge. Geschliffene Spiegel. Das hübsche Verkaufspersonal trug gerüschte Halbschürzen und farblich assortierte Häubchen. In unserer Dorfbäckerei hatte es Frau Bolliger gegeben. Ein Küchentuch am massigen Leib befestigt, verkaufte sie drei verschiedene Sorten Brot, Paniermehl und für die Verschwendungssüchtigen mit Hagelzucker bestreute Buttertaler. Süßigkeiten buk oder kaufte die sparsame Hungerbühler nie. Die heimlich abgeschlagenen Zuckerstockspäne zergehen in meiner Erinnerung noch heute auf der Zunge, und einmal schüttelte ich heimlich zwei Zwanzig-Rappen-Stücke aus der Spardose und kaufte auf dem Schulweg acht Fünfer-Mocken. Obwohl ich mich bemühte, das erste Bonbon hastig fertig zu lutschen, musste ich bei der pünktlich erwarteten Rückkehr auf dem Hof den verbleibenden Rest in der Schürzentasche verbergen. Die Entdeckung dieses Geheimnisses führte zu einer bösen Tracht Prügel, aber in schlauer Voraussicht hatte ich die restlichen Süßigkeiten zuvor an verschiedenen Stellen im Garten vergraben. Und im Verlauf der Wochen hob ich die Schätze einen nach dem anderen wie ein Hamster und schob mir die feucht gewordenen Klebrigkeiten – samt der Erdkrümel, die sich nicht entfernen ließen – in den Mund. Daran dachte ich, als ich vor den eleganten Vitrinen der Confiserie stand. Mit Bändern und Blüten verzierte Torten lagen dort, puderzuckerbestäubte Gugelhupfe und karamellisierte Brühkugeln, die, zu Pyramiden geformt, aneinanderklebten.

Ich ließ mir von einer Deutsch sprechenden Mademoiselle alles erklären: aus Nussteig dressierte Vogelnestli, in der Mitte mit Himbeermarmelade gefüllt, geschlungene und glasierte

Vanillebretzel, schachbrettartig gemustertes Teegebäck, Rosinentaler, Zimtschnecken und Schaumgebäck kosteten zehn Rappen. Marzipankartoffeln, Mohrenköpfe, Zitronentörtchen, Pistazienwürfel und rosarot verzuckerte Cremeschnitten zwanzig Rappen. Zehn teure Stücke wählte ich aus, ließ alles in einen Karton verpacken und mit einer Goldkordel verschnüren. Erhobenen Hauptes verließ ich das Geschäft, setzte mich an die abendliche Seepromenade, betrachtete das anlegende Dampfschiff und das blinkende Lichtermeer am gegenüberliegenden Ufer. Die glänzende Pracht beim Öffnen der Schachtel war ein unfassbar schönes Bild. Das süßsaure Zitronentörtchen und den apricotierten Mohrenkopf verschlang ich gierig in wenigen Bissen und ohne Scham. Weniger hastig biss ich in ein schokoladenüberzogenes Eclair. Leichte Übelkeit begleitete bereits den Verzehr einer quarkgefüllten Biskuitroulade, worauf ich in den verbleibenden Rest wahllos hineinbiss, nicht aufhören konnte, an die Mutter dachte, Zuckerguss abkratzte, Buttercreme ableckte, wie sie litt, wie sie fror und hungerte, dann die zerstörten Törtchen grob in die Schachtel zurückwarf – und förmlich spürbar drehte sich mein Magen um. Unter den empörten Blicken der Passanten ergoss sich ein nicht enden wollender Schwall vor ihre Füße. Beschämt, so wahnsinnig beschämt, schlich ich mich weg, doch bereits am nächsten Tag verzieh ich mir, wie ich auch anderen stets verzeihen konnte.

Für das exklusive Schuhwerk reichte das Geld nicht mehr. Erst von meinem zweiten Lohn kaufte ich die weißen Riemchensandaletten, von weiteren Ersparnissen im Haushaltsgeschäft von Morges eine Heizdecke für die Mutter. Decken, Kappen, schöne Wolljacken kamen im Verlauf der Jahre dazu. Ich schenkte ihr Wärme wie im Wahn und auch noch, als ihre

Kammer längst mit einem Ofen ausgestattet war, sie nicht mehr im Mantel zu Bett gehen musste, die Schuhe nicht mehr am Boden anfroren. Nachdem ich und meine Brüder selbständig geworden waren, verbesserte sich ihre finanzielle Lage. Den kargen Lohn musste sie nicht mehr in Zugbillette und Schokoladentafeln investieren. Aber das Fehlen von allem war längst zu einem inneren Zustand geworden. Sie blieb weiterhin beim Bauer und akzeptierte die misslichen Zustände als dauerhaft und unabänderlich. Wo hätte sie hinsollen? Was unternehmen oder kaufen wollen? Das Wünschen und das Herbeisehnen waren ihr abhandengekommen, und ich bewundere meine starke und kluge Mutter für die tapfere Leistung, ohne Bitterkeit zu bleiben und mir später kommentarlos zuzugestehen, was ihr verwehrt geblieben ist: eine freie, abenteuerliche und selbstbestimmte Existenz.

Die Monate im Welschland hätten für mich vieles bedeuten können: Nachdenkzeit. Nichtstunzeit. Kameradinnenzeit. Beinahe pflichtbewusst holte ich nach, was ich an kindlichen Vergnügungen bei den Hungerbühlers verpasst hatte: Ich fuhr Karussell. Im Zoo ritt ich unter den erstaunten Blicken der Erwachsenen auf einem Pony. Es fühlte sich unrichtig an. Auch das unbeschwerte Leben eines jungen Mädchens wollte mir nicht recht gelingen. Einmal besuchte ich eine Tanzveranstaltung im Städtchen. Die anderen tranken Sangria, redeten gescheit und bewegten sich zu seltsamen Klängen. Die elegante Annäherung zwischen den Geschlechtern, das Kichern und Schäkern empfand ich als fremdartig. Alles und nichts war jetzt möglich, aber mein befreites Dasein war weder gesellig noch unbeschwert, sondern ratlos und leer.

Nach zwölf Monaten vernahm ich auf Umwegen, dass man im Krankenhaus Langnau eine Küchenhilfe suchte. Ich bewarb mich, erhielt die Stelle und ein Zimmer dazu, das sich im Schwesternhaus befand. Das Schälchen mit dem Vanillepudding musste neben dem umgekehrten Glas stehen, Gabel und Messer unter der Tellerkante liegen. Die Rollwagen hatten mit der immer gleichen Anzahl Tabletts beladen zu werden, dreimal pro Tag. Mein mutloses Leben fand im neonerleuchteten Untergrund statt, und meine Tätigkeit diente jenen, die sich in den oberen Stockwerken aufhielten. Die blass aussehenden Mahlzeiten wurden vom Pflegepersonal ausgeliefert. Es lief durch die nach Desinfektionsmittel riechenden Gänge, schenkte ungezuckerten Tee nach, schüttelte die Kopfkissen zurecht, und oft genug sahen die Krankenschwestern einfach beim Sterben zu. Genau wie auf dem Bauernhof der Hungerbühlers richtete sich der Tagesablauf nach strikten Zeitvorgaben und undurchschaubaren Regelwerken. Das Gelände verlassen konnte ich nur selten. Aber tief in meinem Herzen wusste ich, dass ich vom Leben mehr wollte. Viel mehr.

Wenig später erkannte ich, wie sich dieser Wunsch umsetzen ließ: Um Neues anzugehen, muss man die Vergangenheit überwinden oder einfach ruhen lassen, das wurde mir auf dem Rücken liegend, in einen strahlend blauen Himmel blickend, bewusst. Ich lag halbtot im Schwimmbad von Langnau. Ein paar Tage zuvor hatte ich mir in einem Warenhaus alle Badeanzüge zeigen lassen, tief dekolletiert, mit Blumenmustern bedruckt, an den Ausschnitten mit Zickzackbordüren bestickt. Ich entschloss mich für ein nachtblaues Modell mit weißen Applikationen und suchte die örtliche Badeanstalt auf. Meine bisherigen Erlebnisse mit größeren Wassermengen hatten mir zwei hitzefreie Tage in meiner Schulzeit beschert. Der Lehrer beschloss damals einen Ausflug an die Emme. Während sich die Kameraden kreischend in die Fluten stürzten, sich treiben ließen, untertauchten und mit kräftigen Zügen ans Ufer zurückschwammen, glitt die einzige Nichtschwimmerin ins knietiefe Wasser und hielt sich zaghaft an den biegsamen Ästen einer Weide fest.

Nun war ich achtzehn und wollte endlich schwimmen lernen. Während halbwüchsige Jungen und Mädchen mit Anlauf vom Sprungbrett hechteten, schwammen die Erwachsenen ruhig ihre Längen im großen Becken. Auf dem Rand sitzend, die Beine ins Wasser gehängt, beobachtete ich die Bewegungsabläufe der Schwimmenden. Eine Stunde, zwei Stunden lang. Vorsichtig ließ ich mich ins Wasser gleiten und stieß mich mit den Füßen in Richtung Bassinmitte ab. Die Bewegungen der anderen nachahmend, versank ich augenblicklich in der Tiefe. Mit offenen Augen wurde ich verschluckt: Unter Wasser herrschte völlige Stille, über mir erstreckte sich ein Glasdach, irisierend, zerbrechlich und doch undurchdringbar. In Panik schlug ich um mich, zerriss sprudelnd die Oberfläche, schnappte nach Luft, suchte Boden unter den Füßen, strampelte ins Leere, versank erneut in den Fluten. Niemand schien mich zu bemerken, während eine eiserne Hand mich ertränken wollte. Immer wieder.

Die Angst kam langsam und ging schnell. Ein Augenblick der Verzweiflung, dann füllten sich meine Lungen mit Wasser, und ich sah mich in schwerelosem Zustand über den weiß gekachelten Boden treiben. Das Leben zog in Bildern an mir vorbei. Ein Loch in der Erde, mit Holz ausgekleidet. Geputzte Kohlköpfe, Runkeln und ich lagerten in diesem winterlichen Frischebehälter. Der Bäuerin überreichte ich einen Strauß Wiesenblumen. Einem Huhn musste ich den Kopf abhacken, blutend flog es davon. Die Holzböden des Herrn Bigler an den Füßen, glitt ich an eine Kutsche angehängt über das gefrorene

Eis der Dorfstraße. Meine Mutter winkte mir zu. Ich winkte zurück und merkte nicht, wie kräftige Arme nach mir griffen, andere zu Hilfe eilten, den bewusstlosen Mädchenkörper auf Beton legten und riefen: »Sie atmet noch!« Ich erwachte Wasser hustend und nach Atem ringend, zwei Hände lagen auf meinem Brustkorb und pressten mich rhythmisch ins Leben zurück. Ich blieb einfach liegen, füllte meine Lungen mit der warmen Luft eines endlichen Sommertages und antwortete auf die Frage des Bademeisters, ob ich überhaupt schwimmen könne: »Nein. Aber ich werde es noch lernen.«

Ernst

Nachdem ich das Ertrinken überlebt hatte, fand mich der Mut. Ich kündigte meine Stelle im Krankenhaus und folgte dem ebenfalls ambitionierten Koch und seiner schwangeren Frau in die Fremde: ins Glarnerland. Tief eingeschnitten lag das schattige Tal, eingezwängt zwischen Felswänden und schrägen Gletscherfeldern. Tödi, Bächistock und Vrenelis Gärtli engten den Blick ein und deuteten gleichzeitig eine unbekannte Dimension an, die mich sofort faszinierte: die Bergwelt. Die Gastwirtschaft lag im Klöntal, das sich mit dem Muotatal im Kanton Schwyz verbindet, im ewigen Schatten des Glärnisch hockend, direkt am Stausee. Bereits am ersten Tag liebe ich die Spiegelungen im Wasser und dessen smaragdgrüne Farbe im Regenlicht. Nach einem langen Fußmarsch erreichbar, war das »Rhodannenberg« im Sommer ein gut besuchtes Ausflugsrestaurant. Wir fischten Hechte aus dem See, töteten sie mit einem kräftigen Schlag auf den Kopf, belegten sie mit Zitronenscheiben und kochten sie in den langen Fischpfannen im Buttersud. Dazu servierten wir Salzkartoffeln mit gehackter Petersilie und frisch gezapftes Bier in großen Gläsern. Ich bildetet mir ein, in einen Jungen verliebt zu sein, dem ich tagtäglich zwei Briefe nach Langnau schrieb, aber bald war alles berichtet, was ich in einer neuen Art von Ereignislosigkeit erlebte, und mehr zu sagen gab es dann doch nicht.

Einmal saß ich während meiner Zeit im »Rhodannenberg« auf einer Fahrradstange, der Bursche trat eifrig in die Pedale, meine ansonsten geflochtenen Zöpfe trug ich offen, die Haare flatterten im Wind. Einmal nahm mich einer zur Hirschjagd mit. Stundenlang pirschten wir durch den Wald und freuten uns wie Kinder, wenn das Wild durchs Unterholz sprang. Ich war neunzehn, und von der Liebe wusste ich nichts. Es mangelte mir an Erfahrung und auch an fantastischen Ideen, an heimlich gelesenen Liebesromanen, an Leinwandidealen, an flüsternd ausgetauschten Bekenntnissen unter Freundinnen, an den Ratschlägen einer Mutter.

Aber dann durchquerte ein Gast der einsamen Winterzeit Eis und Schnee, um in die warme Stube zu gelangen und eine Münze in den Musikautomaten zu werfen. Ich beobachtete ihn, wie er den Kaffeebecher mit aufgestützten Ellbogen hielt, in dieser Position verharrte und mit leicht geöffneten Lippen über den heißen Dampf blies, einen Punkt an der gegenüberliegenden Wand fixierend. Seine Ruhe gefiel mir. Seine Natürlichkeit. Sein Blick, der schließlich lächelnd auf mir ruhte. Am nächsten und am übernächsten Sonntag trat er erneut durch die Tür, wusste bereits, wo Jacke und Schal aufhängen, wärmte die Hände am Ofen. Ernst. Er fragte nicht viel und enttäuschte meine Sehnsucht in den kommenden Wochen nie. Er war klug und bescheiden. Gut aussehend, jedoch nicht eitel. Lustig, nie laut. Wir küssten uns im Hühnerstall zum ersten Mal. Er roch nach Seife und Wald. Von nun an saßen wir erzählend auf der Eckbank, immer auf der Eckbank. Seine Nähe, seine Stimme wurden mein Zuhause, während draußen Schneestürme tobten, das Eis schmolz, die Natur blassgrün wurde, der Frühling ins Land zog. Ich war zwanzig Jahre alt und begann zu ahnen, was Liebe sein könnte.

Vielleicht sprachen wir in jenem eisig kalten Winter im Jahr 1953 wie später nie mehr über uns. Was er mir anvertraute, damals in der schönsten Zeit, als wir beide wussten, was sein könnte, aber noch nichts erwarteten und nichts forderten. Heute kommt es mir vor, als hätte uns das Schicksal zusammengeführt und wieder auseinandergebracht, beides festgelegt mit dem ersten Blick, der ersten Berührung, mit jedem gesprochenen Satz.

Sein Vater, ebenso leichtsinnig wie meiner, besaß eine Fuhrhalterei, die er im Wirtshaus vertrank, ein Übel jener Zeit, dem andere Glarnerinnen zuvorkamen, indem sie am Lohntag bei den Arbeitgebern vorstellig wurden, das wenige Geld in Empfang nahmen, bevor es die Männer verprassen konnten. In meiner Kindheit machte das Bergwerk den Männern Staublungen. Die Arbeitsbedingungen waren hart, der Verdienst klein. Aber anders, als man denken könnte, blieben die Ernährer in der Not nicht umso eher bei ihren Familien. Nein, sie erlaubten sich die Hoffnungslosigkeit, gingen weg, waren ohne Verlässlichkeit, überließen den Frauen schließlich die großen Aufgaben. Dem Vater von Ernst blieb ein Leiterwagen, mit dem er sporadisch Kohlen auslieferte, die Mutter arbeitete in der Fabrik, um die Armut zu lindern, und überließ die Kinder der Obhut des Gatten. Als sie nach Hause kam, stand der kleine Bruder leicht bekleidet, weinend und mit ausgestreckten Ärmchen auf der verschneiten Zinne. Er verstarb, kaum zweijährig, an einer Lungenentzündung, was die Mutter nie verzieh, sie ließ sich scheiden, suchte und fand ein neues Leben.

Ernsts Geschichte trieb mir auf der Eckbank die Tränen in die Augen, worauf er mich umarmte, mir flüsternd versicherte, dass unsere Liebe anders verlaufen werde. Er war gelernter

Elektromonteur in fester Anstellung. Ich eine selbstbewusste Jungfrau, und beide waren wir auf der Suche nach einem Plan für die Zukunft. Dass er mich wollte, erschien mir gerecht und doch wie ein Wunder. Der Zustand der Verliebtheit kann Menschen dumm und seltsam mitleidlos machen, er kann ängstigen, bedrohlich und destruktiv sein, das erfuhr ich Jahrzehnte später. Aber diese erste Verliebtheit ohne Hintergedanken, übertriebene Vorstellungen und freche Ansprüche war nur gut. Ein Mensch, der einem erfüllt bis in den hintersten Winkel der aufgeregten Seele, einen besser macht, als man ist. Der Frieden bringt. Den man immer um sich haben will. Der einen auf dem Rücken über den Bach trägt und die Sternbilder am Himmel erklärt. Der es gut meint.

Ernst war sanftmütig und ausgeglichen. Er legte seinen Lohn für unsere Möbel zur Seite, wie er einmal sagte, und von da an wusste ich, dass wir eines Tages heiraten würden. Ich verspürte nicht nur tiefe Liebe für ihn, sondern auch eine riesige Erleichterung: dass ich so einen Mann gefunden hatte, dass es einen solchen Mann überhaupt gab. Mehr konnte ich nicht wollen, und obwohl mich keine romantischen Ideen und keine übermäßigen Erwartungen plagten, war er auch im Vergleich mit jenen Männern, die ich bis jetzt kennen gelernt hatte – den stämmigen Emmentaler Bauern –, ein Märchenprinz. Als Magd wäre mir ein Knecht zugestanden, auch eine ledige Existenz bei einem Bauern galt als Option. Die soziale Leiter purzelte ich als Kind hinunter, ohne etwas dagegen tun zu können. Umso entschlossener versuchte ich später, den weiteren Verlauf eines mir zugedachten Schicksals zu beeinflussen.

Anderes war mir ebenso wichtig: In den ersten zwei Jahren unserer Beziehung arbeitete ich in einer Krippe in Glarus. Die Frauen aus den unteren Schichten brachten die Säuglinge bereits wenige Wochen nach der Niederkunft zu uns. Ich sehe die Babys und Kleinkinder noch heute vor mir, wie sie reihenweise in den Eisenbettchen lagen, im Akkord gefüttert, gewickelt und mit einem Schlaflied beruhigt wurden. Einmal pro Tag kamen sie für eine halbe Stunde auf die große Dachzinne an die frische Luft. Das war alles. Dreißigfach weinten sie am Morgen den wegeilenden Müttern hinterher, und wenn die erschöpften Frauen die Kleinen am Abend in Wolldecken gewickelt nach Hause trugen, schrien die Kinder erneut. In den 1950er-Jahren galt ein Hausfrauendasein als privilegiert, weil nur möglich, wenn der Partner genügend Geld verdiente und den Zahltag auch nach Hause trug.

Ernst verdankte ich die Zusage, dass er meinen größten Wunsch unterstützen wolle, eine verfügbare Mutter zu sein. Wir waren uns früh einig, dass es so sein sollte, und in Erarbeitung der nötigen Voraussetzungen genossen wir unsere Liebe umso mehr. Ernst brachte mir alles bei, und ich liebte alles an ihm: sein Selbstbewusstsein, seine Zurückgezogenheit. Ich mochte es, wie er auf Bergtouren den Pickel ins Eis schlug und ebenso selbstverständlich die Wurstbrote zubereitete, mit gerunzelter Stirn die oft gefaltete Karte studierte, den Weg in die Höhe bestimmte, die Ausrüstung kontrollierte, mich küsste und an sich zog.

Heute, Jahrzehnte später, suchte und fand ich alte Fotografien: Bilder aus jener Zeit, in der ich die Natur, die Blumen und die Tiere, die Hitze und die Kälte, das Licht und die Dunkelheit neu erlebte und entdeckte. Ernst in Knickerbockerhosen, das braune Haar in alle Himmelsrichtungen stehend, strahlend, glücklich. Das unmittelbar zuvor oder danach aufgenommene Bild zeigt ein Mädchen mit viel Gesicht, steilen Wangenknochen, sehr weißen Zähnen. Strahlend, glücklich ebenfalls. Die Liebe ist auf diesen Bildern spürbar, sie machte uns unantastbar. Ich suchte Geborgenheit und fand sie in Ernst, dem ich blind vertraute. Ich sagte: »Du bist meine Zukunft und mein Leben.« Er antwortete: »Du bist mein Ein und Alles.« Ich glaubte ihm, weil ich spürte, dass es die Wahrheit war, und mein Bedürfnis, ständig in seiner Nähe zu sein, nach seiner Fürsorge und seiner Sanftmut wurde beinahe zu einer Sucht. Bisher hatte ich erst einmal geliebt: meine Mutter. Eine hoffnungslose und schmerzhafte Liebe. Jetzt liebte Ernst mich, und ich gab ihm alles, was ich zu bieten hatte. Frohmut und Pragmatismus, auch den unerschütterlichen Glauben an uns, und er entschädigte mich mit seinem Willen zur Dauerhaftigkeit für alles, was gewesen war. Wir fanden eine eigene Romantik, wenn wir nach einer ausgedehnten Wanderung in einer der zahlreichen Jagdhütten übernachteten, auf einer Pritsche, atemlos umschlungen, draußen war es stockdunkel, und das gemeinsame Wochenende lag vor uns. Die Erinnerung an die fraglose Einheit jener Tage ist schmerzhaft, weil sie später verloren ging, durch den Alltag und die Zeit aufgebraucht, nicht mehr erwünscht, leichtsinnig ersetzt durch scheinbar Wichtigeres.

Die Hochzeit fand im Jahr 1955 statt. Ich trug ein züchtiges Kleid aus schillerndem Organza-Stoff und ein Blumenbouquet mit langen Grashalmen, die den Boden berührten. Bei der Kirche trafen wir den Pfarrer im Garten beim Jäten an, er hatte sich in der Uhrzeit getäuscht. Nach der Trauung gab es hellgelbe Tischdecken, das gute Geschirr, Pasteten und Braten, Meringues mit Rahm, stockende Gespräche, eine Carfahrt und ein Abendessen bei Tageslicht. Die Katze zerriss mir klagend den kostbaren Schleier, und die anderen sagten, das bringe Glück. Ich glaubte es.

Am Tag darauf zogen wir in unsere neue Wohnung in Glarus, räumten die Hochzeitsgeschenke – eine Pfanne, einen Kerzenständer, drei Handtücher – in ein Buffet aus Kirschbaumholz, das wir erspart hatten. Nun waren wir ein Ehepaar. Ich durfte zu Hause bleiben. Der Alltag mit Ernst war wie ein ewiger Trost. Zusammen aufstehen und in den Armen des anderen einschlafen. Alles miteinander teilen, bis der letzte Rest Fremdheit verschwunden ist. Seine Lieblingsspeisen kochen, seine Jackenknöpfe annähen, die schweren weißen Leintücher bügeln, auf denen wir schliefen. Ein Zuhause haben, das man schön und sauber hält und nach eigenen Regeln bewirtschaftet. Wir waren glücklich und wurden es immer mehr. Die Schwangerschaft war geplant und herbeigewünscht, und mit schwerer werdendem Leib war ich zum ersten Mal in meinem Leben nicht von morgens bis abends beschäftigt. Nachdenkzeit, Nichtstunzeit, und Monate später legten wir den neu geborenen Knaben in einen mit Rüschen verzierten Wäschekorb, der als Bettchen diente.

Ich hatte Ernst junior eine Babygarderobe genäht, und mein Mann erlaubte den Kauf eines luxuriösen Kinderwagens. Beigefarben lackiert, mit einem weißen Sonnendach und tief gelegten weißen Rädern, war der Chaisenwagen mein ganzer Stolz. Jeden Tag bettete ich den Säugling in den gepolsterten Bauch des Gefährts und unternahm lange Spaziergänge in die umliegende Natur. In meiner Erinnerung war es immer Frühling, die japanischen Kirschbäume standen in voller Blüte, es roch nach Zuckerwatte und Glück. Oft hatte ich tagsüber Sehnsucht nach Ernst und besuchte ihn – in der umgehängten Tasche das vorgekochte Mittagessen – bei der Arbeit.

Es gibt ein Bild aus jener Zeit: Mein Mann sitzt auf einem Stein und blinzelt etwas müde in die Sonne. Ernst junior sitzt fein gekleidet und lachend im feudalen Kinderwagen, die Ärmchen in die Luft gestreckt. Immer noch sehr verliebt, vergötterten mein Mann und ich uns in der Zwischenzeit beinahe. Was Ernst sagte und tat, fand ich immer richtig. Das Übereinstimmen geriet damals ohne Zwang und Mühsal, die Harmonie war umfassend. Ohne einander waren wir von allem Guten weniger. Es waren die schönsten Jahre meines Lebens.

Ich glaubte, alles erreicht zu haben, was eine glückliche Frau erreichen kann: ein Heim, ein gesundes Kind, einen tüchtigen Mann an der Seite, der mich liebte. Als Hausfrau war ich im Sinne des damaligen Ideals tüchtig und aufgrund praktischer Erfindungen wie Dampfkochtopf und Staubsauger stets ausgeruht und gut gelaunt, jedoch auch sorgsam frisiert und adrett gekleidet. Mein Mann überließ mir die Verwaltung der Haushaltskasse. Wann immer etwas Geld übrig blieb, durfte ich mir kaufen, was ich wollte. Meist investierte ich die Überschüsse in einen hübschen Rock. Die bunten Stoffe, bedruckt oder in strahlenden Farben, tulpenartige und etuiähnliche Schnitte verheimlichten den Körper weniger als die bäuerliche Kleidung, die ich kannte, im Gegenteil, sie betonten selbstbewusst Brust und Taille, die Weiblichkeit. Auf das Tragen einer Schürze verzichtete ich – auch bei den gelegentlichen Besuchen, die ich den Hungerbühlers abstattete – konsequent.

Während meiner zweiten Schwangerschaft lud ich meine Mutter in diese häusliche Idylle ein. Sie reiste mit einem Pappkarton an, lief den Weg entlang, unter dem schwarzen, offenen Mantel trug sie ein dunkles Kleid und eine gebügelte Schürze. Mein Herz verkrampfte sich bei ihrem Anblick. Herbeigesehnt, vermisst ein ganzes Kinderleben lang, fehlte es nicht an Zuneigung und nicht an Liebe, aber eine Vergangenheit lässt sich nicht herbeireden, nicht zurückholen, und das Verpasste erhält selten eine Chance auf Wiedergutmachung. In diesem Punkt herrschte schweigsame Übereinkunft.

Ich getraute mich in den folgenden Wochen, in denen sie bei uns blieb, nicht, zu viel aus ihrem Leben zu erfragen, vielleicht war auch Feigheit im Spiel, und sie erinnerte sich an meine früheren Antworten. »Es ging dir doch gut auf dem Hof«, war jetzt keine Frage mehr, sondern eine Feststellung, immer wieder ausgesprochen, Zustimmung erwartend, sich selbst Trost zusprechend, wie sie es vermutlich all die Jahre über getan hatte, in denen auch sie uns vermisste, in denen sie mehr litt als wir. Bis ich für einen kurzen Moment die Fassung, das Mitgefühl, die Nachsicht verlor und bösartig erzählte: von den Schlägen, der Einsamkeit, der Schweigsamkeit. Für meine nichtsnutzige Schwäche, diesen Verrat, verdamme ich mich bis heute. Er brachte keine Erleichterung. Die Tränen der Mutter vergesse ich nie.

Danach arbeiteten wir, stumm und sehr einig jetzt. Die wenigen Möbel aus rötlichem Holz wurden auf Hochglanz poliert. Wir wischten die Böden, reinigten die Fenster, lüfteten das Bettzeug, nähten Gardinen und bunte Stoffbezüge, wischten Treppenhaus und Keller, setzten uns lächelnd, erwartungsvoll jedes Mal, auf die Stühle, waren ein wenig verlegen, standen schweigend wieder auf, griffen erneut zu Besen und Putzlappen, kochten das Mittagessen, bereiteten das Abendessen vor, besuchten die Schwiegermutter oder Ernst. Die Kirchenuhr schlug 14 Uhr, und der Nachmittag lag leer und hämisch grinsend vor uns. In der winzigen Wohnung gab es zu wenig Arbeit für uns beide. Dass wir gemeinsam Schönes erleben könnten, einen Confiseriebesuch, eine Schifffahrt, einen Spaziergang, kam uns nicht in den Sinn, und meine Mutter reiste ab, ohne dass sich die Hoffnung auf Verbundenheit hätte erfüllen können.

Während ich in späteren Jahren anderes suchte und fand, Bedürfnisse und Ansprüche formulierte, putzte, umgrub, ausriss, abschnitt, schüttelte, hackte meine Mutter weiterhin und fand in diesen pausenlosen Tätigkeiten Ablenkung und Frieden. Als sie zum ersten Mal die Altersrente erhielt, schämte sie sich für das vermeintliche Almosen, und bis ins hohe Alter zog es sie auf Felder und später in Gärten, die sie nun nicht mehr mit Essbarem, sondern mit Blumen bepflanzte. An anderen Luxus gewöhnte sie sich nur widerstrebend. Als mein ältester Bruder ein Häuschen baute, getraute sie sich anfänglich nicht, den glänzenden Elektroherd zu berühren. Bereits auf dem Weg in die sorgfältig gepflanzten Büsche, wurde sie von Hans zurückgehalten. Er wollte ihr die Benützung des Wasserklosetts erklären. Doch an der Bedienung lag es nicht. Mutter hielt eine weiße WC-Schüssel aus Emaille für zu wertvoll für die Bedürfnisse einer Magd.

1958 gebar ich unser zweites Kind. Das Baby erbrach sich ständig, sein Magenausgang war verengt, und größte Aufmerksamkeit war nötig, damit der Junge nicht erstickte. Den kleinen Werner trug ich monatelang im Arm, fütterte ihn ein Jahr lang zweimal pro Stunde. Ernst, mein älterer Sohn, reagierte mit Eifersucht, die ich ihm nicht verübelte, aber ändern konnte ich nichts, das Baby hätte sonst nicht überlebt. Der Gedanke, den Dreijährigen einzusperren, widerstrebte mir mehr als alles andere, und so verschwand er allen Ermahnungen und Bitten zum Trotz aus dem Garten, wenn ich einen kurzen Augenblick im Haus verweilte, um seinen Bruder zu versorgen. Ich erinnere mich, wie ich ihn verzweifelt suchte, zu Fuß über endlose Straßen und Felder eilte, schluchzend, bei Regen oder Sonnenschein. Ich kannte bald jeden Weiher, jeden Bach, jeden Brunnen der Umgebung. Meine größte Angst war, meinen Sohn eines Tages leblos und bäuchlings auf einer Oberfläche treibend zu finden. Hatte er sich im hohen Weizenfeld versteckt, kehrte er wortlos und mit hochmütiger Miene selbständig zurück, ich schimpfte ihn aus, und zweimal schlug ich ihn mit der flachen Hand auf das Hinterteil. Irgendwann erkannte ich die Sinnlosigkeit dieser wöchentlich stattfindenden Dramen und erklärte Ernst junior, er könne von nun an weglaufen, wohin er wolle, laute Worte oder Bestrafungen habe er keine mehr zu befürchten. Er ging nie mehr weg. Damals verstand ich, dass Bestrafungen – und somit auch Gewalttätigkeit – als Form der Zuwendung empfunden werden können, als Aufmerksamkeit, die sonst nicht stattfindet, und daher eine fatale Abhängigkeit von den Verursachern bewirken können. Von diesem Moment an stellte ich meine gelegentlichen Besuche bei den alten Hungerbühlers infrage und hielt den Kontakt trotzdem weiterhin aufrecht, kam nicht los von ihnen, verrichtete Arbeiten für sie, gab Zuspruch, tröstete für das, was ihnen abhandengekommen war und ich nie ersetzen konnte. Über meine Kindheit sprachen wir nie. Sie starben kurz nacheinander, so sehr hatten sie sich an die traurige Anwesenheit des anderen im Verlaufe der Jahrzehnte gewöhnt.

Mein Mann bildete sich weiter, absolvierte die Meisterprüfung, galt bald als bester Elektromonteur der Stadt Glarus. Wir liebten uns nach wie vor sehr, seine Fürsorglichkeit hörte nie auf, aber der Alltag war eingekehrt mit vielen Verpflichtungen und weniger Zeit füreinander. Hin und wieder sorgten nun Nichtigkeiten für Unstimmigkeit, die schnell wieder vergessen war. Ob die Tasse links oder rechts neben dem Gedeck steht, Wurst- oder doch eher Käsebrote eingepackt werden, war mir im Endeffekt unwichtig, so ging es meist nach seinem Willen. Ich war erneut hochschwanger, als wir die berufliche Selbständigkeit beschlossen. Rückblickend bewiesen wir Mut und Entschlossenheit, an einen Misserfolg verschwendeten wir keinen einzigen Gedanken. Für die Eröffnung eines Elektrogeschäftes hatten wir dreitausendachthundert Franken zur Verfügung, die aus dem Pflichtteil der Erbschaft meines Großvaters stammten. Wir kauften ein Fahrrad mit Anhänger, beschafften uns die nötigen Lizenzen und ließen Werbezettel drucken, die wir im Städtchen aufhängten.

Die Wohnung kündigten wir, eine zusätzliche Miete konnten wir uns nicht leisten. Das Ladenlokal in Glarus verfügte über eine Schaufensterfront und einen ebenerdigen großen Raum. Ernst trennte die Fläche mit einer Holzwand. Vorne verkaufte ich Schrauben, Elektrokabel, Sicherungen, Glühbirnen, Lampen und nahm Aufträge entgegen, die Ernst ausführte. Anfänglich reparierte er Haartrockner und Bügeleisen, und ich machte mir einen Namen als »Kabel-Lisi«, die in Windeseile das Gewünschte zuschnitt und mit den passenden Steckern versah. Im hinteren Teil lebten wir so leise wie möglich auf wenigen Quadratmetern zusammen. Zu viert schliefen wir in diesem winzigen Raum, die Wäsche wusch ich in einem Zuber, die einfachen Mahlzeiten bereitete ich auf einem Gaskocher zu. In dieser chaotischen Bleibe kam im Oktober 1959 meine Anni zur Welt.

Ich war achtundzwanzig Jahre alt, noch jung und doch erwachsen geworden, mit drei kleinen Kindern, einem eigenen Geschäft und einer Zukunft, die verheißungsvoll vor uns lag. Ernst war ein guter Ehemann und ein wunderbarer Vater. Fehlte es ihm später mit den heranwachsenden Jugendlichen manchmal an Geduld, sah er trotzige Bemerkungen, Andersartigkeit und Widerstand auch als Kritik an seiner Person, verhielt er sich mit den kleinen Kindern endlos geduldig und sanftmütig. Interessiert an allen Marotten und den kleinsten Fortschritten, waren wir komplett vernarrt in die Kleinen, die zum Lebensinhalt und Mittelpunkt wurden. Auch ohne theoretisches Wissen wussten wir, dass Kinder sensible und eigenständige Wesen sind, die unser Entgegenkommen fordern. Sie waren immer und überall dabei, und es war mir ein riesiges Bedürfnis, Teil ihres Alltags zu sein, die Welt mit ihren Augen zu entdecken, zu verstehen und auch die kleinen Sorgen mit ihnen zu teilen. Meine Liebe zu Ernst war auch Dankbarkeit, dass er mir das enge Zusammensein mit den Kindern ermöglichte, und rückblickend betrachtet, war ich bereit, die nötig erscheinenden Gegenleistungen in Form von Folgsamkeit und Pflichterfüllung zu erbringen.

Was wir waren

Das Unglück kündigte sich elf Monate nach dem Geschäftsbeginn in Form eines heißen Sommertages an. Ferienzeit, in der die Kinder Betreuung und Unterhaltung einforderten und mein Mann viel arbeitete. Unter einem aufgespannten Sonnenschirm saßen wir ohne Ernst beinahe jeden Tag im Freibad, aßen die mitgebrachten Brote und Erdbeeren, spielten stundenlang im Wasser, dösten im Schatten riesiger Baumkronen vor uns hin. An diesem Nachmittag schwebte ich – die in der Zwischenzeit doch noch zu einer passablen Schwimmerin geworden war – im knietiefen Planschbecken. Auf dem Rücken liegend, blickte ich in den grau werdenden Himmel und war einfach nur glücklich.

Bevor sich ein krachendes Sommergewitter entladen konnte, rollten wir die Tücher zusammen, sammelten die Spielsachen ein. Während die Kinder wie jeden Tag zum kleinen Kiosk rannten, um sich vor der Rückkehr eine Süßigkeit auszusuchen, nickte ich einer Familie zu, die sich direkt neben uns niedergelassen hatte. Die Tochter, ein auffallend hübsches Mädchen, rotblond und milchzart, war außergewöhnlich stark erkältet. Sie glühte förmlich, war aber munter und gesprächig. Wochen später erfuhr ich, dass dieses Kind an Kinderlähmung erkrankt war und fortan gelähmt blieb. Durch eine Tröpfchenübertragung – so vermute ich – hatte es uns angesteckt.

Da ich den kleinen Ernstli, Werni, Anni und mich bei dem plötzlichen Ausbruch der zweiten Polio-Epidemie im Glarnerland sofort hatte impfen lassen, kamen wir mit einer leichten Erkältung davon, steckten aber vermutlich Ernst mit der gefährlichen Krankheit an. Er hatte, kurz bevor uns der Arzt für die Impfungen einen Hausbesuch abstattete, die Wohnung verlassen. Ich weiß bis heute nicht, ob ihn meine eigenmächtig gefällte Entscheidung verärgert hatte oder ob er die Schutzimpfung für unnötig hielt, was ich mir nicht vorstellen kann, da die Immunisierung in den 1960er-Jahren nicht infrage gestellt wurde.

Die Koffer für eine kleine Ferienreise lagen bereits gepackt im Auto, als er Tage nach dem besagten Schwimmbadbesuch über starke Kopfschmerzen klagte, sich ins Bett legte und hoffte, dass das Schlimmste bis zu unserer Abreise am nächsten Morgen überstanden sei. Zu diesem Zeitpunkt befiel das Virus bereits die lokalen Lymphknoten meines Mannes und verteilte sich nach der Vermehrung in den Blutbahnen. Ob es sich ins Rückenmark einschlich, um dort ein zerstörerisches Werk fortzusetzen, wissen wir bis heute nicht. Ich hielt die Symptome für eine schlimme Sommergrippe, brachte ihm literweise Tee und aspirinhaltige Medikamente. Während fern der Donner grollte und der Regen gegen die Fenster peitschte, schwitzte er Schlafanzüge, das Bettzeug, die Matratze durch und kämpfte – wie ich heute weiß – um sein Leben. Als verfüge sein Körper über ein geheimes Reservoir, erneuerten sich die Tropfen auf der Stirn, die Rinnsale über der Brust, sobald ich sie mit einem weichen Tuch abgetupft hatte. Er klagte über Nackensteifheit und Krämpfe, die durch die verabreichten Medikamente und den Tee gelindert wurden, aber immer wieder auftraten.

Als die Fieberschübe nicht abklangen, rief ich nach einem Arzt. Er war sofort alarmiert, stellte die Diagnose Kinderlähmung mit Verdacht auf eine Hirnhautentzündung und ließ meinen Mann ins Krankenhaus einliefern. Als Ernst in den folgenden Tagen entkräftet und mit geschlossenen Augen im Bett lag, das geliebte Gesicht gerötet und geschwollen, erfasste mich das Entsetzen. Ein Leben ohne ihn war unvorstellbar, so bedrohlich, dass ich ihm in den Tod gefolgt wäre. So groß war meine Liebe, so groß war meine Abhängigkeit. Ohne Ernst war ich nichts. Die endlosen Stunden am Krankenbett verbrachte ich in riesiger Sorge und der tiefen Angst, zu verlieren, was mir das Wichtigste auf der Welt war. Ich wich keinen Augenblick von seiner Seite, flößte ihm Tee ein, schüttelte die Kissen auf, schlief auf einem Sessel sitzend, das Gesicht auf die Matratze gelegt, seine Nähe spürend. Unsere Kinder waren in der Obhut einer Nachbarin. Einmal legte er mir sachte die Hand auf den Kopf, strich mir über das Haar. Endlich brachen die Tränen aus mir heraus, und ich weinte wie nie zuvor in meinem Leben.

Die Hirnhautentzündung wurde mit Antibiotika behandelt, und nach vielen Tagen blickte mich Ernst wieder an, reagierte, sprach, konnte schließlich die ersten Schritte machen. Das Glück darüber, dass er mir blieb, lässt sich auch heute nicht in Worte fassen. Es muss ein schwerer Verlauf gewesen sein, man befragte mich später ausgiebig nach den verabreichten Medikamenten, und das Staunen der Experten, dass keine bleibenden Lähmungen zurückblieben, war groß. Geschwächt, aber nach Meinung der Ärzte bald ganz gesund, wurde Ernst von seinen Kindern jubelnd in Empfang genommen, und auch ich suchte in den folgenden Monaten immer seine Nähe. Über die Spätfolgen der Erkrankung machte man sich damals keine Gedanken, der Begriff Post-Polio-Syndrom (PPS) existierte nicht.

Unterdessen lebten wir in einer komfortablen Blockwohnung, unser Geschäft ermöglichte keinen verschwenderischen, jedoch einen weitgehend sorgenfreien Alltag. Den Buben kauften wir Trottinette und Dreiräder, Anni zudem eine Puppe mit blondem Haar und Klappaugen, »Dolly«, die dann an Weihnachten einen kleinen Kleiderschrank geschenkt bekam, in dem ihre mehrteilige Garderobe an winzigen Bügeln aufgehängt werden konnte.

Es gibt alte Fotografien, auf denen die Kinder zu dritt in einem aufblasbaren Bassin planschend zu sehen sind oder wie sie die Kerzen ihrer Geburtstagstorte ausblasen, in unseren Armen liegen und durch die Luft fliegen. Wir zeigten ihnen unsere Bergwelt: Jene Wanderungen, die wir als Verliebte unternommen hatten, wurden zu Familienausflügen, und die romantischen Erinnerungen verbanden sich nun mit neuen Erlebnissen, die die einstigen Liebesnester zu Matratzenlagern für alle machten.

Als die Kinder größer wurden, erklommen wir Hochplateaus, die Alpen, und ich zeigte ihnen, wie aus nichts viel werden kann: beispielsweise ein Moosgärtchen mit Bewohnern, die Himbeeren als Kopfputz tragen und Regenwasser aus Schneckenhäusern trinken. Im Herbst sammelten wir schöne Blätter, entfachten ein Feuer, packten den Proviant aus, schliefen draußen oder in einem Heuschober, lernten Vogelstimmen erkennen.

Mehr als einmal erkundeten wir auf unseren Touren das abgelegene Klöntal, die raue Schönheit war unverändert. In einem hügeligen, verwilderten Waldstück entdeckten wir eine Parzelle mit Blick in das tief gelegene Tal und an die gegenüberliegenden Bergmassive. Hier wollten wir ein kleines Ferienhaus bauen. Gleichzeitig hofften wir, dass sich eine solch ruhige und selbstbestimmte Beschäftigung positiv auf den weiteren Genesungsprozess meines Mannes auswirken könnte. Ernst, der mein verstecktes Talent als Geschäftsfrau früher erkannte als ich, gab mir den Auftrag, beim Landbesitzer vorstellig zu werden. Nach mehreren Gesprächen wurden wir handelseinig. Für den Bau verwendeten wir Winterholz; bei abnehmendem Mond geschlagen, zum Zeitpunkt der Wuchsstagnation, wird es in den Bergregionen seit Jahrhunderten verwendet: Witterung und Schädlinge können ihm nichts anhaben. Das Alter macht es gefurcht und gefaltet, geschliffen und gebleicht. Die vollendete Schönheit erreicht dieses Holz nicht in einem einzigen Menschenleben.

In einem alten Auto transportierte Ernst fortan die Materialien aus Berg und Tal auf unser Grundstück und baute in jahrelanger Arbeit ein verträumtes Ferienhaus, samt Vorplatz und Zugangsbrücke.

Die meisten Haushaltungen verfügten nun über Waschmaschinen, Einbauküchen mit Kühlschränken und Elektroherden. In den Modejournalen trugen die Frauen flache Schuhe und kurze Röcke. Die sexuelle Revolution stand vor der Tür und somit die Emanzipation der Frauen. Im Glarnerland bekam man diese gesellschaftspolitischen Veränderungen am Rand mit. Als ich mein viertes Kind durch eine Fehlgeburt verlor, empfahl mir mein Arzt, auf eine erneute Schwangerschaft vorläufig zu verzichten. Er verschrieb mir das erste zuverlässige Verhütungsmittel: die Pille.

Um eigenständiger und selbstbewusster zu werden, musste ich keine gescheiten Bücher lesen oder feministische Vorträge besuchen. Das Leben machte mich so.

Herausforderungen ängstigten mich nicht, im Geschäftsleben bewies ich mit zunehmendem Alter eine gewisse Geschicklichkeit. Bald beschäftigten wir fünf Angestellte. Seit der Krankheit klagte Ernst öfters über Kopfschmerzen und litt unter rätselhaften Erschöpfungszuständen, die wir anfänglich nicht zu deuten wussten. Ganz selbstverständlich übernahm ich mehr Verantwortung und begann den Einkauf und den Verkauf zu leiten. Gleichzeitig kochte und putzte ich, wusch und bügelte, kümmerte mich um die Kinder, wenn sie von der Schule nach Hause kamen, ging erneut ins Geschäft, machte alle Abrechnungen und die Buchhaltung, war für die reibungslose Abwicklung der größer werdenden Aufträge zuständig.

Als in Glarus ein Haus zur Versteigerung stand, organisierte ich einen Kredit beim Dorfmetzger. Wenig später besaßen wir eine erste Immobilie in der Stadt, jedoch auch zusätzliche finanzielle Verpflichtungen. Es war ein Riesenpensum, auch für meinen Mann, der gesundheitlich angeschlagen blieb, schnell ermüdete und öfters gereizt reagierte. Wir gingen an unsere Limiten, ohne die Routinen zu hinterfragen oder die heimatliche Scholle im Alltag je zu verlassen, wie mir im Nachhinein bewusst wurde. Für mich war viel Arbeit seit je normal, ich kannte meine Grenzen nicht, fand mich in anstrengenden Situationen zurecht und definierte mich über die Verpflichtungen und das Geleistete.

Ernst blieb mein bester Freund, mein Liebhaber, der Vater meiner Kinder, daran änderten auch gelegentliche Misstöne nichts. Im Nachhinein betrachtet, bestand unsere Liebe aus Respekt und Distanziertheit. Das war früher so. Man zeigte die Gefühle weniger heftig als heute, die Leidenschaft kannte man allenfalls aus Kinofilmen. Im absoluten Willen, ein gemeinsames Leben zu bewältigen, waren wir Familie, Vertraute, Wegbegleiter.

Aber selbstbewusster als am Anfang unserer Liebe äußerte ich nun öfter meine Meinung zu geschäftlichen Angelegenheiten sowie der Organisation des täglichen Lebens. Was andere in Studentenzeiten und mit WG-Kollegen auslebten, entdeckte ich spät: die Freude am Debattieren, die für mich nicht Kritik, sondern eine Auseinandersetzung mit dem Gegenüber bedeutet. Als Kind wurde ich für Widerspruch mit Schlägen bestraft, mein Mann sanktionierte mich mit Schweigen. Die Phasen des Rückzugs, in denen er nicht mehr mit mir sprach, dauerten immer länger. Manchmal verließ er wortlos das Haus, kehrte erst nach Stunden zurück, immer noch schweigend. Dieses Verhalten konnte nur verhindert werden, indem ich jeglichen Konflikten aus dem Weg ging. Gelang mir das nicht, musste ich mich um Versöhnung bemühen, dazu war ein ewiges Charmieren nötig, und wie viele Male zwang ich mich zu Entschuldigungen, deren Sinn ich nicht einsah und die mich an die Zeit als Verdingkind erinnerten. Als wolle er mich für die vermeintliche Lieblosigkeit in Form eines falschen Wortes, einer Frage, eines Einwandes büßen lassen, empfand ich sein Verhalten auch als demütigend. Wieso mir keine eigene Meinung zustand, verstand ich immer weniger.

Aufgrund seiner angeschlagenen Gesundheit musste ich mehr Verantwortung übernehmen: An diesen Veränderungen war Ernst ebenso unschuldig wie ich, dass er mich für die notwendige Selbständigkeit mit Schweigen bestrafte, erschien mir ungerecht. War ich ein Dummkopf? Musste man mich nicht ernst nehmen? Frustriert klagte ich sein Verhalten eines Tages der Schwiegermutter, mit der wir in gutem Kontakt standen. Sie erwiderte wenig erstaunt, ihre eigene Sprachlosigkeit habe auch schon drei Monate lang gedauert.

Die Kinder gediehen und entwickelten sich zu guten Schülern, die den Übertritt ins Gymnasium problemlos bewältigten. Ich war stolz: Meine Kinder, die Urenkelkinder einer Magd, erhielten beste Bildungsmöglichkeiten und würden ihre Zukunft frei und nach eigenem Willen gestalten dürfen.

Mein Mann verbrachte bald seine ganze Freizeit im Klöntal, sägte, schnitt, feilte, kittete, isolierte, täfelte immer Neues. Die Kinder halfen mit, durften Nägel einschlagen, Holz holen, das Messband halten, kleine Entscheidungen selbst fällen. Bereits im Rohbau übernachteten wir zum ersten Mal in diesem Refugium, das das Familienoberhaupt mit eigenen Händen für uns erschaffen hatte. Es wurde ein Kinderhaus, urchig und geheimnisvoll: Im kleinen Wohnzimmer stand wenig Mobiliar, behäbig und stabil, aus hellem Holz. Ernst hatte es selbst entworfen und gebaut, ebenso wie die Küche im Puppenhausformat. Ich nähte rot-weiß karierte Vorhänge und passende Sitzkissen.

Die Bergwelt, das Wandern verband uns auch in den folgenden Jahren. Ernst kannte die Tierwelt wie kein Zweiter und ließ die Kinder an seinen Entdeckungen teilhaben, zeigte ihnen einen Adlerhorst, den er zuvor wochenlang beobachtet hatte, Rehkitze, junge Füchse. Aber die langen Touren mussten immer häufiger unterbrochen werden, und auch von kürzeren Wanderungen musste er sich tagelang erholen. Irgendwann zeichnete er nur noch die Routen in den Karten ein, packte den Lederrucksack mit kulinarischen Überraschungen, über die sich alle freuten, und ließ uns allein ziehen. Dem Bewegungsmenschen und Naturburschen muss diese Entscheidung schwer gefallen sein, er war damals kaum vierzig Jahre alt.

Heute weiß ich, dass es Jahre nach einer Kinderlähmung zu solchen Symptomen kommen kann, weil ganze Muskelgruppen erschlaffen, und dass die neurologischen Konsequenzen einer Hirnhautentzündung eine Veränderung der Persönlichkeit bewirken können. Damals sah ich seine Antriebslosigkeit als selbst gewählten Rückzug eines ohnehin introvertierten Menschen und die Schwermütigkeit als vorübergehende Laune, die er nicht kontrollieren wollte. Während ich mitten im Leben stand, die Bewegung, den Kontakt mit Menschen und ihre Zuneigung brauchte, um glücklich zu sein, zog er sich zunehmend zurück und hielt an einer kleinen Welt fest, in der es einen einzigen Freund gab, den Wildhüter, mich und die Kinder. Ein Dasein, das er liebte und verstand.

Ich weiß nicht, ob meine Furchtlosigkeit oder seine Angst vor der Fremdartigkeit die ersten feinen Risse in unserer Einheit verursachte. In welchem Augenblick beginnt man verschiedene Wege zu gehen? Welche erste Geste, welcher zweite Blick, welches Nichtverstehen oder Anderssehen besiegelt ein Schicksal, das Jahre später noch Rätsel aufgibt? Das fragte ich mich tausendmal, ohne je eine überzeugende Antwort zu finden. Oder sind es Einsichten, die ohne nachzudenken da sind, plötzlich und brutal? Die Unruhe aus der Vorahnung, tausend Dinge niemals zu erleben, und dann viel später die Verwegenheit, etwas anderes wirklich zu wollen und egoistische Entscheidungen zu treffen, die wie eine Rache an leeren Jahren daherkommen, ein Resultat auf die Konflikte der Vergangenheit? Trüge nur der andere Schuld daran. Aber so war es nicht. Genau wie mir war auch Ernst in der Kindheit vieles aufgedrängt und einiges genommen worden, aber er blieb berechenbar in seinen Ansprüchen und zufrieden mit dem Erreichten. Ganz anders als ich.

Dass mein Herz aus Winterholz ist, ihm die Zeit und die Stürme, durch die es ging, zusetzten, es veränderten, aber ihm doch nichts anhaben konnten, wusste ich damals nicht, und heute empfinde ich diese Gewissheit als erstaunlich. Ich stelle mir dieses Organ windschief und schön vor. Mit all den Kerben, tiefen Einschnitten und verheilten Einstichen, die das Leben hinterließ.

Wie wir wurden

Damals erkannte ich wenig und arbeitete umso mehr. In einem Strudel aus Verpflichtungen und Verantwortung gingen meine Gefühle und Gedanken unter, als mein Mann anregte, das Geschäft zu verkleinern, die Angestellten zu entlassen. Er mochte nicht mehr, hatte tausend Geräte, Maschinen, Steckdosen, Leuchten montiert, Hunderte von Schalttafeln, Telefonanlagen installiert und Kabelmengen verarbeitet, mit denen man die ganze Erde hätte umwickeln können. Als wir die Buchhaltung analysiert und viele Argumente gegeneinander abgewogen hatten, kam auch ich zum Schluss, dass diese Entscheidung richtig war. Nach all den Jahren, in denen ich von der »Kabel-Lisi« zu einer passablen Geschäftsfrau herangewachsen war, die Entscheidungen fällte, mit Auftraggebern verhandelte, die Angestellten anleitete, vermochten mich Volt und Ampere nicht mehr im gleichen Maß zu begeistern wie am Anfang, als alles neu und spannend war. Aber anstatt die Grenzen zu erweitern, neue Erfahrungen zu machen, mich geistig weiterzuentwickeln, verkleinerte sich mein Aktionsradius, wurde meine Welt noch enger als zuvor. Ernsts Kopfschmerzen kamen und gingen, die Kinder auch, sie waren jetzt im Teenageralter. Die Trotzigkeit und die Befreiungsversuche dieser Jahre begeisterten meinen Mann ebenso wenig wie der Umstand, dass keiner der Söhne den Wunsch nach einem handwerklichen Beruf hegte.

Er konnte nicht verstehen, was neu und anders war, fürchtete vielleicht um den Zusammenhalt der Familie, aber ich nahm nur seinen Unmut und seine Verunsicherung wahr und begann, sein Verhalten zu hinterfragen: So wie er mir kein Recht auf Veränderung und Entwicklung zugestehen wollte, hätte er es wohl auch am liebsten gehabt, dass es weiterhin wie früher geblieben wäre, als die Kinder klein und von seiner Fürsorglichkeit abhängig waren und taten, was er sagte. Als Paar, das wussten wir beide, stand eine anspruchsvolle Zeit bevor.

Wir hätten sie nutzen können, Neues entdecken, die Situation analysieren, aber dazu kam es nicht. Ernst suchte und fand, was er wollte – seine Ruhe –, in der umliegenden Natur. Am liebsten verbrachte er nun die gesamten Wochenenden in der Einsamkeit des Klöntals, streifte durch den Wald, beobachtete die Veränderungen in den umliegenden Bergwänden, die er bald besser kannte als meine Gemütszustände, und interessierte sich in diesem Zusammenhang für manche Tücke, die das Gebirge barg: tiefe Risse, versteckte Höhlen, vorspringende Felsen, Abgründe.

Sein Bedürfnis, ein neues Refugium zu erschaffen, in dem wir so sein sollten, wie wir einst waren, führte zur Entscheidung, einen alten Heuschober in Savognin zu kaufen, den Ernst von Grund auf sanieren, renovieren und umbauen wollte. Bereits zwei Wochen später wickelte ich den Kauf des winterlichen Ferienhäuschens ab. Dieses Projekt verschaffte uns beiden vorübergehend Auftrieb. Aber bald umgab meinen Mann wieder seine seltsame Schwermütigkeit, und als ob er ahnte, dass sich der Aufwand nicht mehr lohnen würde, saß er nun auch werktags vor dem Häuschen im Klöntal und blickte stundenlang ins Tal hinab. Was aus ihm wurde, wollte er nicht mitteilen, vielleicht wusste er es selbst nicht. Die Stille umgab ihn als mächtiger werdende Kraft. Einmal regte ich einen Arztbesuch an, um die Ursachen seiner Beschwerden abzuklären. Er reagierte unwirsch und antwortete, dann würde man ihn in eine geschlossene Anstalt einweisen. Ich schenkte dieser Äußerung keine Beachtung, da ich dieses Szenario für aberwitzig hielt und seiner bestimmt nur vorübergehend schlechten Verfassung zuschrieb.

Rückblickend nahm ich die winzigen Veränderungen in seinem Verhalten nur unzureichend wahr und relativierte sie fälschlicherweise. Probleme formulieren, Lösungen suchen: Das war ihm unmöglich, und mein Verhalten war nicht besser. Ich nahm weniger Rücksicht als bis anhin, kritisierte vermehrt, stellte Fragen, vertrieb ihn mit Widerspruch. Tagelang blieb er nun weg. Er musste gespürt haben, dass die Beziehung in eine Krise schlitterte, blieb aber erstarrt in seinem Leiden und seinen immer gleichen Reaktionen, verunsichert durch seinen Gesundheitszustand, den er nicht einzuschätzen wusste, aber auch durch die normalen Veränderungen, die das Leben mit sich bringt. Einmal schrie ich ihm meine Angst vor der Leere der Zukunft ins Gesicht. »Soll das alles gewesen sein? Was habe ich bisher erlebt?« Nach diesen Worten verschwand er einmal mehr, ich suchte ihn überall, fuhr schließlich ins Klöntal, rüttelte an den Türen, stieg auf einen Baumstrunk, klopfte an die Fensterläden. Ernst war betrunken, reagierte nicht. Aber das änderte nichts: Das Schweigen macht die Liebe kaputt. Und später, als ich Grund gehabt hätte, mich zu entschuldigen, weil ich wegwollte und wegging, da suchte er mich nicht, fragte nichts. Wahrscheinlich hätte ich auch keine Antwort gewusst. Er konnte nicht anders. Ich auch nicht. Vielleicht ist es so simpel.

Einmal sagte er, er möchte mich wieder für sich allein haben. Es war zu spät. Der Ablösungsprozess hatte bereits begonnen, das Nichtmehrwollen war bereits in mir drin, zuerst ohne dass ich es bemerkte und später ohne dass ich dagegen ankam. Was andere stillschweigend ertragen und mit sich selbst ausmachen, war mir diesmal unmöglich. Die Schönheit und Leichtigkeit der vergangenen Jahre, was ich liebte, verlor an Bedeutung, und mehr noch, alles wurde zu einer unerträglichen Last. Mein Leben, das man erfolgreich und erfüllt nennen konnte, kam mir plötzlich fremdartig vor. Ich betrachtete eine fremde Frau – mich – wie von außen: wie sie in einem Sommerrock die Straße entlanglief, die Blumen in eine getupfte Vase stellte, aus dem Fenster blickte, zusammen mit ihrem Mann am Tisch saß oder am Abend auf dem Sofa. Vor dem Fernseher. Wortlos. Allein.

Mein unfreies Leben mit tausend Verpflichtungen, Aufgaben, Ansprüchen maß ich nun an Dingen, die mir fehlten. Mehr als alles andere fielen sie ins Gewicht, und dass mir dieses und jenes und viel anderes nicht zustehen sollte, wollte ich immer weniger akzeptieren. Vernunft? Verantwortungsgefühl? Wie ausgeschaltet. Man kennt sich selbst nur unzureichend, im Guten wie im Schlechten. Wie hieß diese fremde Frau? Ich kannte sie nicht. Sie sollte verschwinden. Plötzlich wollte diese Frau so viel, auch ein eigenes Auto kaufen. Der Mann warf ihr den Ehering vor die Füße, und er hatte recht: So stupid es klingen mag, aber die äußere Mobilisierung war eine Frechheit, weil sie den Wunsch nach Unabhängigkeit, Freisein – von ihm – andeutete.

Zuerst nur im Wissen, dass der Mann im Ferienhaus übernachten würde, begann die Frau, in eine Turngruppe zu gehen, fuhr danach mit den neuen Kolleginnen ins Restaurant, lernte Menschen kennen. Männer waren auch dabei. Später trug sie Hosen aus glänzenden Stoffen, und der Saum der Kleider endete nun über dem Knie. Sie ging zum Friseur, kaufte einen Hut, der sich auf den rötlich braunen Locken gut machte, und einen kupferfarbenen Lippenstift dazu. Sie besuchte Bars, trank Champagner, tanzte zu lauter Musik. Lachte und redete wie ein Wasserfall, fühlte sich ausgelassen, fühlte sich jung. Ein bisschen wie ein Zirkusgirl. Den Männern gefiel sie, und sie gefiel sich. Die Lebenslust kannte sie bisher nur als Überlebenslust, hatte nicht viele Dummheiten gefeiert, sich nie in den Blicken anderer gespiegelt. War nie etwas anderes gewesen als eine eingeschränkte Vorstellung ihrer selbst.

Monate zuvor war mir zugetragen worden, dass es im Klöntal eine hübsche Serviertochter gebe, dass ich meinen Mann in die Schranken weisen müsse. Einerseits war ich schockiert, andererseits beobachtete ich seit längerem, dass sich Ernst auch mir gegenüber enthemmter verhielt. Unser Liebesleben war stets schön und aufregend gewesen, auch diesbezüglich blieb Ernst lange Zeit das Maß aller Dinge. Wegen eines Seitensprungs hätte ich keine große Szene gemacht oder gar die Scheidung eingereicht. Ich entdeckte damals eine liberale Seite an mir, die man auch meiner größer werdenden Gleichgültigkeit hätte zuschreiben können. So war es nicht unbedingt, wie die späteren Jahre beweisen sollten, aber heute weiß ich, dass solche Geschichten der inneren Freiheit Vorschub leisten können. Im Nachhinein betrachtet, ist es unwichtig, wer den ersten Fehltritt tat, das Schicksal wurde durch andere Versäumnisse viel mehr beeinflusst.

Hätte das alles heimlich stattgefunden, wären nur Ernst und ich involviert gewesen. Aber natürlich blieb unser Verhalten, unsere große Krise im Städtchen nicht unbemerkt. Die Emanzipation der Frauen, die Gleichberechtigung waren nun auch in Glarus ein Thema. Ausbildung und Chancengleichheit. Befreiung und Selbstverwirklichung. Bei der sexuellen Treue verhielt es sich anders, und das ist bis heute so geblieben, wie ich immer wieder – und nicht nur auf dem Land – feststelle. Frauen, die betrogen werden, haben es hinzunehmen, müssen durchhalten. Den Platz an ihrer Seite nicht der Konkurrentin zu überlassen – das gilt als weiblicher Sieg. Eine betrogene Frau, die ihrem Mann offen untreu wird, ist nicht nur eine frivole Erscheinung, sie macht sich auch einer besonders bösartigen Kränkung des männlichen Egos schuldig. Es kam zu Vermutungen und zu Geschwätz. Dass die Marti Lisbeth kein braves Frauenzimmer war, galt bald als erwiesen. Ich blühte auf. Man kann es so einfach sagen.

Ernst wusste von meinem zweiten Leben als Zirkusgirl, ebenso wie ich von seinen Gespielinnen wusste. Aber schweigend kutschierten wir weiterhin durch einen Alltag, der nur noch aus den mutlosen Fragmenten einer beinahe zerstörten Beziehung bestand. Draußen die Fröhlichkeit und das Zirpen, Wimpernklimpern, charmant sein, anders sein, verwegen und begehrenswert. Drinnen ein wortloses Abendessen, eine Aneinanderreihung von Sätzen, die Geschäftliches regeln sollten. Keine vehementen Auseinandersetzungen fanden mehr statt, wortlos trieben wir auseinander, verstanden einander nicht mehr, sahen zu, wie wir als Einheit erloschen. Ernst verbrachte die Abende nun meist dösend auf dem Sofa liegend. An den Wochenenden sahen wir uns nicht mehr. Er sprach mich nie auf die Gründe für mein außerhäusliches Leben an, und wenn ich, selten genug, ein Gespräch suchte, stand er auf und ging weg, verbarg, was ihn quälte und veränderte, fand vielleicht Trost auf seinen Streifzügen durch die raue und unwegsame Natur.

Beide Söhne besuchten zu dieser Zeit die Kantonsschule und waren häufig abwesend, Anni war in der Ausbildung zur Psychiatriekrankenschwester und öfter zu Hause als ihre Brüder. Sie erhielt am ehesten einen Einblick in das unmögliche Dasein ihrer Eltern. Einmal sagte sie: »Papa lügt, wenn er behauptet, er liebe dich noch.« Ich fragte, wie sie zu dieser Einsicht komme. Sie antwortete, dass er sonst nicht mit einer Kollegin – die wenig älter sei als sie selbst – im Klöntal übernachten würde. Diese romantische und unschuldige Vorstellung von Liebe rührte mich und brachte meinen liberalen Grundsatz ins Wanken. Hatte meine junge Tochter recht? Bleibt die Monogamie eine Voraussetzung für die Liebe? Ist sie ein richtiges Gesetz, weil alles andere den Willen andeutet, die Beziehung aufs Spiel zu setzen?

Die Erkenntnis, dass meine Liebe für Ernst erloschen war, traf mich Wochen später schlagartig. Bis zu jenem Tag, als er in einen Autounfall verwickelt wurde, wollte ich glauben, dass eine Umkehr möglich sei, eine plötzliche Kraft uns finden würde, damit wir neue Bedürfnisse verstehen und regeln könnten, andere Begeisterungen eindämmen, dass sich unsere Liebe als letztlich genug stark erwiese, um der großen Krise standzuhalten.

Der andere Mann, ein Bergführer, gab mir wenig und doch beinahe alles. Mit ihm hatte ich ein paar Berggipfel erklommen, heitere, aufregende Stunden erlebt, die Leidenschaft kam dazu. Verglichen mit einem ganzen Leben, war das nichts. Mit Ernst zusammen war ich erwachsen geworden. Wir wussten alles voneinander, hatten Armut und Krankheit erlebt, den geschäftlichen Erfolg, unsere wunderbaren Kinder aufwachsen sehen.

Man wundert sich, wie man ist und wie man werden kann. Und wenn so viel leichtsinnig vergessen werden will, hinterfragt man den eigenen Charakter. Die Tiefe der Gefühle. Die Fähigkeit, Bindungen einzugehen. Die Bereitschaft, alles zu opfern, ist nicht normal, sondern radikal. Wie antwortet der andere auf eine solche Ungeheuerlichkeit? Ähnlich vehement vielleicht. Damals gelang es mir nicht, mich mit diesen Fragen auseinanderzusetzen. Die Ereignisse überschlugen sich, ohne dass vordergründig allzu viel geschah.

Als Ernst verunglückte, rund um sich viel schützendes Blech, und mit Prellungen und Schürfwunden aus dem Krankenhaus abgeholt werden musste, stieg ich sofort in mein Auto und fuhr los. Ein greller, bewegungsloser Tag, die Bergketten lagen wie gezackte Eisenbänder um die Dörfer. Aus den Lüftungsschächten strömte derselbe Küchenduft wie vor über zwanzig Jahren, als ich in der Spitalküche von Langnau gearbeitet hatte. Damals fühlte ich Leere, aber auch die Gewissheit, diesen Zustand eines Tages zu überwinden. Ernst stand bereits im Freien. Eine Treppe führte zu einem balkonartigen Vorsprung. Er blickte mich einfach nur an. Ich stieg die Stufen hoch, langsam, wie im Zeitlupentempo. Er fixierte mich, ließ den Blick scheinbar gleichgültig weggleiten, eine imaginäre Sehenswürdigkeit in der Ferne betrachtend. In diesem Moment schaute ich ihn an und spürte nichts und wusste plötzlich mit scharfer, klarer Gewissheit, dass dieser Zustand unüberwindbar war: Ich liebte ihn nicht mehr. Entsetzen ergriff mich und riesige Trauer. Ich zog mich am Handlauf die obersten Stufen hoch. Meinen letzten Kuss wollte Ernst nicht mehr. Stieß mich weg, bereits ahnend, was in meinem Herzen geschehen war. Wortlos fuhren wir nach Hause.

Für immer

Heute schmerzt die Erinnerung an die letzten Tage der Gemeinsamkeit, die keine mehr war. Der Alltag verlief weiter wie bisher. Darin waren wir gut, darin waren wir geübt. Dicke Brotscheiben abschneiden, Milch und Kaffe zusammenmischen. Radio einstellen, gestreifte Paste im Mund verteilen, Jacken anziehen, Kunden bedienen, Licht und Wärme verkaufen, Lampen und Glühbirnen, Heizkörper in allen Größen, Dampfbügeleisen, Haarglätteisen, Teekocher, Handrührgeräte, Rüstmaschinen. Alles, was auch ein Eheleben ordentlich und praktisch macht. Ausreden erfinden, das Lager aufräumen, Abrechnungen machen, neue Ware bestellen, einkaufen. Verbotenes denken, aber kochen, was er mag. Würste, Lauch, Käsekuchen. Die Zimmer lüften, einander nicht anblicken, einander nicht berühren. Seine Wäsche waschen, unser Bett neu beziehen, die Wohnung staubsaugen. Ein Buch aufklappen und weglegen. Den Fernseher einschalten. Sich vergewissern, dass er schläft. Wegschleichen, Verrat begehen, nach zwei Stunden in die Wohnung zurückkehren. Duschen. Sich ein wenig schämen. Ernst gibt vor zu schlafen, und keiner von uns spricht auch nur ein Wort. So verlief unser zwanzigster Hochzeitstag. Vieles war wie immer, und doch war alles anders. Weil die plötzliche Erkenntnis nicht verdrängt werden konnte und dieser beinahe unaussprechliche Satz von der Liebe, die keine mehr war, Konsequenzen einforderte.

Ich erklärte Ernst in dieser Nacht, dass ich das Geschäft nicht im Stich lassen würde, die Kinder nicht, auch das Zusammenleben weitergehen könne, aber dass wir künftig in getrennten Betten schlafen müssten. Er antwortete nichts und ging weg. Überließ mir und einem anderen das Feld und die Zukunft, wollte nicht kämpfen, oder ich bemerkte nicht, wie er vielleicht gekämpft hatte. Um sich, um mich, um unser Leben, das dachte ich später. Das Haus in Savognin. Mit eigenen Händen erneuert und mit einer aberwitzigen Auflage verbunden: »Nun möchte ich dich wieder für mich allein haben. So wie früher.« Heute schmerzen auch diese Worte, aber damals sah ich die Tragik nicht, sah den Sinn nicht, ärgerte mich über den beinahe kindlichen Wunsch, zu verharren und zurückzuhalten, was ein anderer längst gestohlen hatte. Als mir zugetragen wurde, dass er bei seiner Gespielin sei, fühlte ich mich nicht schlechter, sondern besser.

Er blieb vier Tage und Nächte weg, kümmerte sich um nichts, und ich wollte mir nichts vorstellen: nicht, wie er von sich erzählt, sie vielleicht an sich zieht und küsst. Ich hörte nichts von ihm. In der Nacht zum 13. November – ich lag nach einem anstrengenden Tag bereits im Bett – schrak ich unvermutet aus dem Tiefschlaf hoch. Schemenhaft erkannte ich die Umrisse meines Mannes. Er war wortlos und ohne mich zu berühren an mein Bett getreten. Plötzliche Sätze in die Dunkelheit gesprochen, sie ergaben keinen Sinn. Er sei dumm gewesen. Man müsse reden. Beim kurzen Schlagabtausch fielen böse und drohende Worte. Dann wollte ich still sein. Die Nacht macht Schmerzen gewaltig und andere Empfindungen diffus und ungerecht.

Aber Ernst wollte ein Gespräch erzwingen, so wie er das jahrelange Schweigen gegen meinen Willen durchgesetzt hatte.

Diesmal wollte ich mich nicht fügen, verschob die Aussprache auf den nächsten Morgen. Sein letzter Satz dröhnt mir in den Ohren, doch damals sah ich die Gefahr nicht, die von diesen Worten ausging, interpretierte sie als Trotz. »Dann gehe ich. Dann gehe ich für immer.«

Er lief in den Keller, anhand der Geräusche wusste ich, dass er einen Rucksack hervorzerrte und Batterien einpackte. Wie so oft zuvor. Ich nahm an, er werde den Rest der Nacht im Klöntal verbringen. Traumlos und erschöpft schlief ich, verschlief vielleicht die schlimmsten Stunden seines Lebens. Am Freitag wähnte ich ihn im Ferienhaus und verrichtete mein Tagewerk wie immer. Verkaufte einen Toaster, überlegte, ob ich Bohnen oder Sauerkraut kochen sollte, telefonierte mit meinen neuen Bekannten. Am Abend fuhr ich mit einer Kollegin ins Klöntal. Vielleicht ging es ihm nicht gut? Vielleicht hatte er, wie bereits einige Male zuvor, Medikamente genommen und danach Alkohol getrunken? Im Mondschein glänzten die steilen Felswände, die nassen Baumstämme, der nahe Bach plapperte vor sich hin. Sein Auto stand dort. Ich überquerte die kleine Brücke, lief den Hang hoch. Alles war dunkel, die Fensterläden verriegelt, er schlief wohl bereits. Ich scheute eine erneute Auseinandersetzung, und wir fuhren zurück.

Am Samstag nahm der normale Alltag seinen Verlauf, und doch beschlich mich ein eigenartiges Gefühl, ein Unwohlsein, das nicht weichen wollte, das grub, zerrte und keine Ruhe gab. Bis ich mich erneut ins Auto setzte. Der hundertmal gefahrene Weg erschien mir endlos mit seinen kurvigen Straßen rund um den smaragdfarbenen Klöntalersee: Wie ein riesiges totes Fischauge lag er jetzt vor mir. Diesmal schloss ich die Tür auf, trat einen Schritt in die vollkommene Dunkelheit. Es war kalt und sehr ruhig.

Die Taschenlampe richtete ich als Erstes auf den Esstisch. Sein Portemonnaie, sein Ausweis und die Autoschlüssel lagen dort. Scheinbar ordentlich hingelegt, nichts deutete auf ein überstürztes Handeln hin, und dennoch versetzten mich diese so sehr mit Ernsts Alltagsroutinen verbundenen Gegenstände – abgenutzt, mit runden Ecken, der Plastikanhänger am Schlüsselbund matt – in überwältigende Angst. So wie das Herz unbemerkt abkühlen kann, sich mit der Übermittlung dieser Nachricht an das Hirn aber ewig Zeit lässt, bösartige Unwissenheit mimend, bis es zu spät ist und nichts mehr zu ändern ist, traf mich die Erkenntnis wie ein Schlag, dass Schlimmes sich ereignet haben musste. Ähnlich wie vor einem Unfall werden Sekunden zu einzelnen Bildabschnitten, die man nicht mehr vergisst, weil man realisiert, dass man bereits Teil des unkontrollierbaren Geschehens ist: Pneus quietschen, Glas zerbirst, ein Krachen, gellende Schreie, dann die lähmende Stille. Auch die folgenden Bilder sind bis heute in mir drin. Wie mir die Taschenlampe aus den Händen fällt. Wie ich die Treppe zu den Schlafzimmern hochstürme. Ohne etwas zu sehen, in die Betten greife. In der irrsinnigen Hoffnung, unter meinen Händen finde sich sein Körper, warm und vertraut, verschlafen und lebendig. Einmal, zweimal. Alle Betten waren kalt.

Panik erfasste mich. Nur schemenhaft blieben die folgenden Tage in Erinnerung, die Verzweiflung, das Grauen, die Ungewissheit. Die Kinder waren im Haus. Der Tag floss ohne Anhaltspunkte in die Nacht hinein, endlos und quälend. Ein uns vertrauter Polizist verfasste einen Rapport. Gab es Probleme? Ja. War der Mann in letzter Zeit verändert? Doch, das kann man sagen. Wohin hätte er gehen können? Auf eine ausgedehnte Wanderung oder in ein Tobel hinab, ich weiß es nicht. Im Klöntaler Haus fehlten ein paar Tafeln Schokolade, der Feldstecher. Unter einem Bett fand ich Schachteln mit Geld. Die Kartonboxen waren mit den Namen der Kinder beschriftet – wie lange lagen sie dort, erst seit kurzer Zeit oder schon immer? Ich weiß es nicht.

Die Hoffnung, Ernst trete mit dem Rucksack auf dem Rücken bald durch die Tür, erwies sich als unberechtigt, und kein Abschiedsbrief war zu finden, kein Zeichen, wo er hingegangen sein könnte. Ich suche bis heute nach Zeilen, die etwas erklären, nach einem Hinweis, der mich dorthin führen könnte, wo er ist. Alle Ritzen, jede lockere Holzlatte, hundertmal untersucht, alle Steine hochgehoben. Ein Wort, eine herausgerissene Seite im Notizblock, ein eingekreister Punkt auf einer Landkarte. Nichts.

Drei Tage lang suchten sie Ernst im zerklüftete Gebirge mit den Felsvorsprüngen, den tiefen Schluchten, den plötzlichen Abgründen. Sein Name echote hundertfach an steile Felswände, die in messerscharfes Alpgebirge klettern, festgefroren in dieser Jahreszeit am kaltgrauen Winterhimmel. Die Temperaturen fielen unter null, am zweiten Tag setzte Schneefall ein. Gestöber bloß, und doch verwischten die Flocken als stille Komplizen Spuren, Gerüche und hüllten schließlich die ganze Region in feindseliges Schweigen. Hunde wurden eingesetzt, sie nahmen eine Spur auf, die über ein steiles Tobel zurück auf die Straße führte und dort unvermittelt abriss.

»Ich gehe für immer.« Wohin? Mit Anni redete ich nächtelang, wir versuchten die Situation zu analysieren. Wörter, Sätze, Vermutungen, Anschuldigungen auch. Eine Mutter, die sich neu orientieren will, ist bedrohlicher als ein Vater, der die Familie kommentarlos und für immer verlässt. Gerät das Idealbild der Eltern, die sich vielleicht selbst als perfekte Wesen präsentiert hatten, ins Wanken, bleiben Vorwürfe verständlicherweise nicht aus. Vor allem mein ältester Sohn, der seinem Vater nahestand, in seinen Interessen, aber auch in seiner Gefühlswelt, schonte mich nicht. Unsere Verzweiflung in den vielen Stunden, in denen nichts geschah und woanders alles passieren konnte, wurde zu einem Zustand. Ich hatte Angst. Um Ernst. Um mich. Um die Zukunft.

Das Denken ist in solchen Situationen wild und ungeordnet, kommt zu einem lethargischen Stillstand, produziert klebrige Sätze im Kopf, die sich nicht wegdenken lassen, Verwirrung oder plötzliche Klarheit verschaffen. Ich schlief nicht mehr, und erst heute fällt es mir wieder ein: Die Stimme kam mir abhanden in jenen Tagen und Nächten ohne Sinn. Ein heiseres Flüstern, mehr war nicht mehr möglich, so sehr ich mich anstrengte, ich hatte nichts mehr zu sagen, und Wochen später war meine helle Stimme für immer weg, und das viele Singen auf einem Berggipfel, beim Bügeln, immer und überall, wenn ich traurig oder glücklich war, wurde unmöglich. Sie gaben mir eine Beruhigungsspritze, was ich widerwillig geschehen ließ, und nachdem meine Gefühle in einem seltsamen Nebel diffus und richtungslos wurden, verweigerte ich weitere Medikamente. Ich wusste mit Sicherheit, dass ich alles, was nun geschah, klar und deutlich mit all meinen Sinnen erleben wollte, weil ich die Katastrophe sonst nie glauben, nie akzeptieren könnte.

Der Umstand, dass keine geschriebenen Zeilen zu finden waren, die eine Vermutung oder eine Schuld bestätigt hätten, war am Anfang ein Trost. Die tiefe Hoffnung, dass mein Mann in einigen Tagen, Wochen oder auch Monaten wohlbehalten und mit einer wortkargen Erklärung zurückkehren würde, hielt mich in der ersten Zeit am Leben. Sie ließ mich an die Zukunft denken, in der es – wie Ernst gewünscht hatte – nur uns beide geben sollte. Aber er kam nicht zurück. Nach drei Tagen nicht, nach zwei Wochen und nach drei Monaten nicht, und jetzt ist er seit sechsunddreißig Wintern weg, und dass er sich nicht verabschiedete, uns in der Ungewissheit zurückließ, kann ich ihm nicht verübeln. Im Moment seiner Entscheidung, von der wir nicht wissen, welche es war, dachte er verständlicherweise nur an sich selbst.

Als aggressive Bestrafung sah ich sein Verhalten auch später nicht. Das war meine Überlebensstrategie. Ich empfand keine Wut auf Ernst, und Hass ist mir bis heute fremd. Sein Verhalten war mir ein Rätsel, ich interpretierte es nicht als endgültige Kündigung seiner Liebe, weil ich instinktiv wusste, dass eine solche Erklärung mir das Weiterleben verunmöglicht hätte. Mein Überlebenswille war größer als das Elend. Schuldig, unschuldig, es spielte in meiner Wahrnehmung keine Rolle. Ernst war gegangen. Für immer. Ohne Kisten oder Koffer zu packen. Ohne sich mit den Details einer gescheiterten Liebe näher zu befassen.

Keine Entscheidungen mussten gefällt werden: Wer behält Stuhl und Tisch, wer die geschnitzte Kommode – das Blümchengeschirr hätte ich nicht hergegeben, es war ein Geschenk von ihm. Den gemeinsamen Besitz teilen, die Schallplatten, die Souvenirs aus Jugoslawien, auch scheinbar Untrennbares, ein Familienzelt, die Zuneigung der Kinder vielleicht. Zerren und laut sein, Anschuldigungen und Tränen. Sich von einem gemeinsamen Leben verabschieden, trauern um alles, was war, und nicht wissen, ob man den Abgrund überspringen wird. Ordnen und wegwerfen. Leer geräumte Zimmer. Nur noch ein schmales Bett besitzen und eine einzelne Nachttischlampe, die Symmetrie zerstört und helle Flecken an den Wänden, dort, wo Bilder und Fotografien gehangen hatten. Verpackt, gepolstert, verschnürt und verklebt. Bücherregale werden hinausgetragen, der Schreibtisch, der Lieblingssessel, Kartons und Waschkörbe mit Kleidern und Schuhen, die neue Wohnung ist fremd und das alte Zuhause halbiert.

Hat man dann »Adieu« oder »Machs gut, das wars«, »Tschüss« oder auch »Ich hasse dich und ich will dich nie mehr sehen« gesagt, stellt man die Möbel neu, so wie es der andere nicht gemocht hätte, streicht vielleicht die Wände gelb, füllt Lücken sofort oder mag die neue Luftigkeit erst recht. Entsorgt Vergessenes, das den anderen in den unmöglichsten Momenten zurückbringt: seine ausgeleierte Badehose oder, umgekehrt, meine alten Sandaletten.

Und in den folgenden Jahren erfährt man, ob man will oder nicht, was aus dem anderen wurde: mit einer anderen Frau, einem anderen Mann, einem neuen Kind vielleicht, wir waren nicht alt, und die Hoffnung, dass man eines Tages, wenn alles Schlimme verblasst, verstehen wird, was einst geschah, ist durchaus berechtigt. Anders hätte es sich verhalten, wenn er sicher tot gewesen wäre. Vielleicht hätte man mich bedauert, vielleicht verantwortlich gemacht. Kirchenglocken, ein offenes Grab, in das auch ich eines Tages gelegt würde, ein Blumenmeer. Verwitwet sein. Abschied nehmen für immer und doch nicht ganz. Dinge verpacken, aber nicht weggeben. Wut. Trauer. Akzeptieren, wie es ist. Vielleicht zwei Eheringe tragen.

Ernst wollte kein Leben mehr mit mir und auch kein anderes ohne mich. Ich entschied, zu glauben, was der Polizeibeamte in seinem Rapport zuhanden jener Behörde schrieb, die uns zu meinem Erstaunen bald die Witwen- und Waisenrenten zukommen ließ. Suizid. Depressionen. Durch den Wildhüter angedeutet, der Ernst kannte, so wie man sich kennt, wenn man zusammen durch den Wald streift und gerne zusammen schweigt. Durch eine Lebensversicherung bestätigt, die er zwei Monate vor seinem Verschwinden auf die Kinder umschreiben ließ. Der Versicherungsexperte, auch er ein Bekannter von uns, zeigte Verständnis für die schreckliche Situation, und obwohl eine neuere Police im Fall eines Selbstmordes normalerweise verfällt, bezahlte die Versicherung den Betrag sehr bald aus.

Die Schnelligkeit der Entscheidungen, die nicht nur zur Folge hatte, dass die polizeiliche Suche beinahe sofort eingestellt wurde, sondern auch, dass andere Gründe für sein Verschwinden ungeprüft blieben, hinterfragte ich im Strudel der schrecklichen Geschehnisse nicht, ich tat dies erst Jahrzehnte später. Im Dorf wurde vielleicht geschwatzt, ein solches Drama ereignet sich nicht alle Tage. Die Marti Lisbeth: kein braves Frauenzimmer. Der verschwundene Mann: einer, der die Frau viel allein ließ, vor allem in letzter Zeit.

Versteckt habe ich mich auch in schwierigen und schamvollen Zeiten nie. Vielleicht ahnte Ernst, dass ich das weitere Leben durchstehen würde, dass er mir seine Entscheidung zumuten konnte, und viel Arbeit, das wusste ich selbst, kann von Zweifeln, Sehnsucht und Schmerz ablenken. Am dritten Tag nach der Katastrophe stand ich wieder im Laden, bediente die Kunden mit heiserer Stimme und sah ihnen direkt in die Augen. Sie ließen mich in Ruhe und ahnten wohl auch, dass ich mich – obwohl geschwächt – zu wehren gewusst hätte.

Der Pfarrer kam unangemeldet, und ich gab ihm zur Antwort: »Ich weiß, was ich gemacht habe, und ich weiß, was Ernst gemacht hat, das ist alles, und mehr gibt es eigentlich nicht zu sagen.«

Die Halskette mit der militärischen Erkennungsmarke fehlte, wie wir später bemerkten. Das in der Mitte perforierte

Oval dient im Kriegsfall als Identifikation der Gefallenen. Man bricht die Plakette entzwei, überbringt eine Hälfte der Familie, wenn der Leichnam nicht geborgen werden kann. Trug mein Mann das mit Namen und Dienstgrad gravierte Medaillon, weil er ein ähnliches Schicksal suchte? An einem Ort, der eine Bergung erschwert, man ihn vielleicht erst finden wird, wenn nichts mehr von ihm übrig ist? Asche zu Asche, Staub zu Staub. In einem Versteck, einer Höhle, von der nur er wusste, einer Felsspalte, die nur er kannte, in einem unwegsamen Gebiet, das er in Hunderten von Stunden erkundschaftet hatte. Wenn sich das Herbstlaub zu färben begann, aufgeregtes Gekläffe ertönte, in der Ferne Schüsse verhallten, die Jäger, das tote Wild geschultert, ins Tal zurückkehrten, geriet ich in all den Jahren, die seinem Verschwinden folgten, in eine heftige innere Unruhe. In der trostlosen Hoffnung, dass irgendwann ein Hund aus dem Unterholz mit einem menschlichen Knochen in der Schnauze zurückkehren könnte, versetzte mich die Vorstellung von der Gewissheit in Furcht und erneute Trauer.

Doch Ernst blieb wie vom Erdboden verschluckt. Der langsame Abschied von tausend kleinen, lächerlichen, lustigen und ärgerlichen Angewohnheiten, die einen Menschen, aber auch ein gemeinsames Leben ausmachen, begann mit dem Wegräumen seiner Sachen. Anni behielt drei Hemden, die sie noch heute trägt. Einzelne Teller mit Blümchenmuster, die mir Ernst zur Verlobung schenkte, und eine Goldkette von ihm sind geblieben, an ihr hängt heute ein Schmuckstück, das mich an meinen zweiten Ehemann erinnert. Sebastian. Fünfundzwanzig Jahre jünger als ich. Fremdenlegionär. Doch davon später.

Die Vergangenheit muss mit der Gegenwart verbunden werden, sonst geht es nicht gut weiter. Die Buddhastatue meiner Freunde aus Bhutan trägt das Andenken an meine beiden Männer um den Hals. Sie steht auf der geschnitzten Kommode, zwischen Kerzen und Klangschalen und anderem bedeutungsvollem Krimskrams aus meinem Leben ohne Ernst. Viele Bilder sind auch dabei: Sie zeigen mich beim Erklimmen eines Fünftausenders und während Trekkings in der Mongolei, in Nepal, Mustang, dem Tibet. Aus den übrig gebliebenen Teilen des Blümchengeschirrs essen heute meine Enkel und Enkelinnen, darunter Sirinda, die bei mir lebt, seit sie ein kleines Kind ist, meine tibetischen Freunde, die hier in Glarus leben, die Austauschstudenten aus aller Welt, meine Kinder und meine Schwiegertochter, die sich alle als beste Freunde erwiesen, sowie Dutzende andere Menschen, die in meinem großen dunklen Holzhaus mit den vielen Zimmern und den Blumen vor den Fenstern vorübergehend oder für immer ein Zuhause finden. Auf dem Herd stehen gefüllte Töpfe, manchmal koche ich um Mitternacht erneut, weil die Nachtschwärmer irgendwann auch hungrig sind.

Das selbst verdiente riesige Haus – ich kaufte es acht Jahre nach Ernsts Verschwinden – erinnert mich an den Gutshof der Großeltern. Aber es stellt keine exklusive Welt dar, von der jene Menschen ausgeschlossen bleiben, die nicht nach meinen Vorstellungen leben wollen. Geprägt durch die frühe Armut, wusste ich, dass ich viel Geld verdienen könnte: um es auszugeben. Auch für andere Menschen und somit für mich selbst. Im obersten Stock richtete ich ein Matratzenlager ein, im Keller gibt es einen Übungsraum mit Schlagzeug, und im Sommer spielt sich das Leben im Freien ab. Unter einem Vordach stehen dann Sofa und Kochherd, ich springe in den Pool, den Sternenhimmel über mir, und im Garten steht eine mongolische Jurte, wo ich in den heißen Sommernächten schlafe.

Meine Faszination für alles Fremde und den Zirkus, die Zauberer und Schlangenmenschen dauert bis heute an. Unzählige Fotografien, manche zerdrückt, andere vergilbt in einer riesigen Schachtel liegend, die ich erst kürzlich wieder hervorgenommen habe, zeigen durch die Luft springende Menschen und feuerspeiende Fabelwesen. Greife ich mit den Händen in die ungeordneten Erinnerungen, ziehe ich wie eine Lottofee wahllos Abzüge hervor. Krame ich tiefer, sehe ich Ernst und mich. Wie sich seine porzellanfeinen Züge im Verlauf der Zeit veränderten, das Erwachsenwerden stand ihm gut. Wie er die Beine übereinanderschlug. Mich anblickte. Die Kinder auf seine Schultern hob. So viel Vater war. Ein Feuer entfachte. Im Sonnenschein einfach so dalag. Bilder, auf denen er beiläufig schön und still und klug ist und ich – so sieht es aus – glücklich plappernd, in einem Badeanzug auf einem Felsen liegend, für ihn posiere.

Was wir waren und wie wir wurden. Es ist so lange her. Es ist so viel geschehen. Hätte mir jemand als junge Frau gesagt, was sein würde, überwältigende Angst hätte mich ergriffen. Doch im Moment großer Veränderungen und Belastungen bewies ich bereits als Kind Leidensfähigkeit und Durchhaltewillen. Die tiefe Ahnung, dass der Tiefpunkt immer eine Aufforderung ist, um Mut zu fassen, trieb mich in den kommenden Jahren weiter. So weit, dass ich heute Dankbarkeit empfinde. Für ein aufregendes, freies und erfülltes Leben. Mein Leben ohne Ernst.

Ohne Ernst

Der neue Mann blieb an meiner Seite, und die Sehnsucht nach dem Vertrauten und dem Verschwundenen blieb und ging gleichzeitig im Neuartigen unter. Weil man alles anders erfährt und absorbiert, wieder sich selbst wird, den anderen, aber auch sich selbst jetzt klarer sieht und im Verlauf der Zeit erst erkennt, was wirklich abhandengekommen ist und was dazukam. Die Kinder waren erwachsen geworden, hatten um ihren Vater getrauert, sich um die Mutter gesorgt und waren ihr immer beigestanden. Nachdem das Schlimmste überstanden ist, benötigen die Menschen Abstand. So erging es auch uns.

Davon überzeugt, dass mein Mann nicht mehr lebte und trotzdem eines Tages vor der Tür stehen würde, ließ ich ihn auch in meine Träumen hundertmal eintreten: Nach beinahe fünfhundert Tagen Abwesenheit setzt er sich einfach an den Tisch, ich mische Kaffee und Milch, lasse eine Tasse fallen und ordne seine mitgebrachten Blumen. Wortlos fangen wir neu an, wo wir aufgehört haben. Und weil niemand weiß, wer nun an welchem Leben teilnimmt, sich einmischt, dazugehört, Ansprüche anmeldet, gelingt uns zu dritt – Ernst, dem anderen und mir – ein seltsames Zusammensein. Schweißgebadet erwachte ich jedes Mal, blickte um mich, glaubte mich im ersten Moment weiterhin in einem Traum, weil das Bett neu war und an den Wänden fremde Bilder hingen. Ein neues

Zuhause, halbiert und ergänzt, und wenn ich aufstand, um ein Glas Milch zu trinken, lagen Lebensmittel im Kühlschrank, die ich nicht erkannte. Ernst war weg. Ernst, der die Tasse mit beiden Händen umschlossen hielt und so lange über den Dampf blies, bis das Getränk lauwarm war. Der mich still anblickte, früher interessiert und mit Liebe, später enttäuscht und unversöhnlich.

Das letzte Wort hatte er gesprochen, ohne sich zu erklären, eine endgültige Entscheidung gefällt: gegen das Verzeihen. Während sich die ungeheuerliche Erkenntnis in mir ausbreitete und festsetzte, im Herzen, im Kopf oder wo immer das Zentrum der Wahrnehmung und der Akzeptanz liegen mag, verstrichen Monate. Stunden, in denen ich die verhängnisvolle Nacht und unser Versagen Revue passieren ließ, immer und immer wieder. Meist saß ich wie gelähmt auf einem Küchenstuhl. Stundenlang. Während Schneeflocken durch die Dunkelheit wirbelten oder Schwalben durch einen frühsommerlichen Tagesanbruch pfeilten, erkannte ich, was ein wortloser Abschied bedeutet. Andere Verzweifelte hinterlassen Botschaften, die eine Erklärung, ihre Sicht der Dinge liefern. Manchmal unverständlich, bereits eine andere Welt andeutend. Entschuldigend. Anschuldigend. Und im Fall eines Suizids bleibt fast immer ein Körper übrig: erschossen, erhängt, zerschmettert, vergiftet. Ein Körper, der sich bergen lässt, in Sicherheit gebracht wird, nach Hause. Dort wird der Seele ein Ort geschaffen, vielleicht ein Grab mit einer Steinplatte und goldener Inschrift.

Als ich keine Worte fand, wohin er gegangen sein könnte, unter den umgedrehten Steinen nicht, hinter Schränken und Betten nicht, und sich die Hoffnung, er möge eines Tages einfach auf der Holzbank vor dem Haus warten, nicht bestätigte, mochte ich keine Erinnerungen mehr um mich haben und stellte keine alten Fotografien mehr auf. Nur im Klöntal beließ ich alles, wie es bei seinem Weggang war: sein Rasierzeug im Schränklein, die Mondobücher im Gestell, das Geweih an der Wand, und bis zum heutigen Tag suche ich nach Anzeichen seiner Rückkehr, nach Fußabdrücken, einem umgedrehten Schlüssel, einem benutzten Bett. Dem Geruch nach Seife und Wald.

Schlug ich nach anderen wirren Träumen in meinem neuen Leben die Augen auf, lag ein dunkel behaarter Arm über mir. Er gehörte zu einem Mann, der sehr viel an sich dachte, spartanischer lebte und fühlte als ich. Mit einem Körper, der sich ganz neu anfühlte, die Liebe war intensiv und leicht. Leidenschaft ersetzte die etwas träumerische Verliebtheit. Meine Erleichterung darüber, dass man für das Neue nicht mehr kämpfen muss, nichts Verbotenes tut, der Alltag kommen kann, bewirkte beim anderen vielleicht eine allzu große Sicherheit.

Wir blieben sechs Jahre zusammen, und im Nachhinein sehe ich es so: Diese Liebe hielt nicht und war weniger, als ich dachte, aber sie ermöglichte, dass ich mich von Ernst lösen und ein neues Leben in Angriff nehmen konnte. Der neue Mann nahm mich mit in schwindelerregende Höhen, lehrte mich dort alles, war in dieser Hinsicht ein Vorbild, und in der Felswand hängend, jeden Meter aus eigener Kraft überwindend, fand ich geistige Freiheit und innere Ruhe, die mich fortan durch alle Zeiten trug. Belastungen fielen in diesen Stunden ab, und dieser entrückte und zuversichtliche Zustand wurde beinahe zu einer Sucht. Der Körper arbeitet, und das Denken fliegt einfach davon.

Die lang vermisste Bergsteigerei, realisierte ich jetzt, war eine Berufung, und bereits kurze Zeit nach Ernsts Verschwinden trafen mein damaliger Partner und ich die Entscheidung, eine alpine Schule aufzubauen. Andere aus der Region waren an der Umsetzung ähnlicher Ideen bereits gescheitert, aber das Elektrogeschäft lief weiterhin gut und lieferte die Grundlage für das neue Unternehmen. Nachdem wir schweizweit Werbematerial in den Sportgeschäften verteilt hatten, nahm ich die Anmeldungen zu den Touren in Empfang und machte die Abrechnungen. Mein Partner plante die Routen und führte sie durch: auf mein Drängen hin auch mit nur zwei Personen. Aus Erfahrung wusste ich, dass man sich einen guten Ruf im Geschäftsleben hart erarbeiten muss und es einem die Kundschaft viel später dankt.

Nach der Rückkehr von einer mehrwöchigen Reise durch Neuseeland stand meine Entscheidung fest: Auch ich wollte mich beruflich weiterentwickeln, wie es heute so schön heißt. Die Idee, ein Bergsportgeschäft zu eröffnen, traf ich spontan. Von Bedenken und Gegenargumenten, die mich von diesem Vorhaben abhalten sollten, wollte ich nichts wissen, von einem drohenden Misserfolg ließ ich mich nicht beeindrucken. In kürzester Zeit wickelte ich den Liquidationsverkauf des Elektrogeschäfts ab. Mit jedem Bügeleisen, das verbilligt wegging, und mit jeder Kabelrolle, die einen Käufer fand, fühlte ich mich leichter und wie befreit, erneut.

In Windeseile wurden die Räumlichkeiten umgebaut, frisch gestrichen und mit Ware bestückt, die mein Herz höherschlagen ließ: technische Kleidung, Pisten- und Tourenskis, Schuhe, Kletterware. Ich sah mich bereits selbstbewusst als weibliche Mini-Entrepreneurin von Glarus. Für die Eröffnung verpflichtete ich einen angesehenen Bergsteiger, der mit einem Diavortrag aufwartete, bei dem beinahe das ganze Städtchen anwesend war. Allerdings existierte im Ort ein ähnliches Geschäft, böses Blut war die Folge, und die anderen gewährten nun beinahe jedem großzügig Prozente. Wir gingen zum Gegenangriff über. Auch ohne Managerschule, Werbeetat oder Wissen, was der Begriff »event planning« bedeutet, ahnten wir, dass die Marke »Fridolin Sport Glarus« in der ganzen Region positiv bekannt gemacht werden musste, damit wir Kunden generieren konnten, und die Eröffnung einer Kinderskischule schien mir eine passable Idee für dieses Unterfangen. Die Anzeige im Lokalanzeiger kostete nichts und war mehr als rudimentär verfasst: »Alle Jungen und Mädchen treffen sich am ersten Montag mit Schnee am Dreiecklift. Veranstalter: Fridolin Sport Glarus«.

Ich erinnere mich, als wäre es gestern gewesen. Bei strahlendem Sonnenschein machten sich der neu angestellte Skilehrer und ich auf den Weg. Wenn zehn Kinder das kostengünstige Angebot nutzen würden, wäre es ein Erfolg, dachte ich. Als wir auf dem Platz standen, wimmelte es von Kindern und ihren Eltern. Bereits am ersten Tag hatten wir hundert Anmeldungen, und wenig später nahmen jeweils zweihundert Kinder am Freizeitprogramm teil. Helfer mussten verpflichtet werden, und der mittlerweile längst pensionierte Postautochauffeur schwärmt noch heute von den vergnügten Kinderscharen, die er auf den Tannenberg kutschierte. Wir brachten ihnen das Fahren im Tiefschnee bei, steckten waghalsige Slalomstrecken ab und bemühten uns mit Wagenladungen von Nussgipfeln um ihre Verpflegung. Die Sportausrüstungen kauften die Eltern aus der ganzen Region fortan in unserem Geschäft.

So wurde der Grundstein für ein florierendes Unternehmen gelegt, das heute zwei Dutzend Räumlichkeiten umfasst und den späteren Kauf von zwei Stadthäusern und weiteren Immobilien ermöglichte. Ich arbeitete erneut Tag und Nacht, und heute denke ich, dass mir die Bewältigung von Herausforderungen und Problemen im Blut liegt und alles andere mich schnell langweilt. »Man muss alles selber machen«, sagen die einen, und es klingt klagend. Ich empfand es als Luxus, etwas selber machen zu dürfen, denn beim Anpacken und Verändern lernt man die Furcht vor der Zukunft zu kontrollieren. Das Glück spielte auch mit, denn die Bergsteigerei entwickelte sich in den folgenden Jahren zur Trendsportart, die auch viel städtische Kundschaft brachte.

Mein ältester Sohn und seine Frau waren maßgeblich am Erfolg beteiligt, und mit unserem Angebot trafen wir den Nagel fast immer auf den Kopf. Wir wussten, was im Bergsport geschieht, welche Kundenwünsche dringlich waren und welche Neuerungen eine Chance auf Erfolg haben könnten, weil wir selbst jede freie Minute in Felswänden und auf Gletschern, auf dem Tödi und den umliegenden Dreitausendern verbrachten. Ernst junior – längst ein diplomierter Bergführer mit einer eigenen Schule – unterstützte mich auch bei den sportlichen Herausforderungen: indem er mich auf die schwierigsten Touren begleitete und weder meine Kondition noch meinen Durchhaltewillen je infrage stellte. Diese Aktivitäten waren Herausforderung und Erfüllung, und gleichzeitig verliehen sie mir Glaubwürdigkeit in einer männlich dominierten Branche. Im Verlauf der Zeit entwickelte sich unser Familienbetrieb so erfolgreich, dass die Konkurrenz nach wenigen Jahren die Waffen strecken musste, worauf mein Geschäft noch einträglicher wurde.

Wenn wir Überschüsse generieren konnten, investierte ich sie stets in die Firma, vergrößerte, machte Wanddurchbrüche, zügelte die Werkstatt in dazugekaufte obere Räumlichkeiten, ließ eine Wendeltreppe anfertigen und kaufte das nächste

Haus dazu. So brachte ich es zu bescheidenem Wohlstand. Als Geschäftsfrau schalte und walte ich bis heute aus dem Bauch heraus, aber ohne jemals die Kosten aus den Augen zu verlieren. Was ich als Achtzehnjährige im Welschland gelernt hatte, als mein Einkauf in der Konditorei den Erwerb der Sandaletten vorübergehend verunmöglichte, wurde mir später ein simpler, aber wichtiger Grundsatz: Hat man ein Ziel vor Augen, das etwas kostet, soll man das Geld nicht für andere Dinge ausgeben.

Früher war ich eine Magd und später die »Kabel-Lisi«. Lange Zeit antwortete ich auf die Frage der Menschen, welchen Beruf ich ursprünglich erlernt hätte: »Nichts.« Später fügte ich an: »Ich war ein Verdingkind.«

Was ich auch sagen will: Ohne Ehemann war ich immer erfolgreicher als mit Ehemann. Heute bin ich die Marti Lisbeth, die sich als erfolgreiche Unternehmerin qualifizieren konnte und außerdem das Leben genießt. Am langen Tisch, den ich mitten im Geschäft aufstellen ließ, sitzen heute Freunde und Kunden bei Gesprächen, Kaffee und Gebäck. Und manche werfen einen Blick in die aufgelegten Fotobücher, die von meinen abenteuerlichen Reisen und Trekkings in ferne Länder erzählen, bei denen ich bis heute an meine physischen und psychischen Limiten gehe. Doch davon später.

Im Dezember 1982 starb meine Mutter, und ein Jahr später trennte ich mich von meinem damaligen Partner. Erst kürzlich nahm ich mein sporadisch geführtes Tagebuch hervor, strich über den abgegriffenen Einband und las, was ich offenbar hatte vergessen wollen. Die Zweifel in Zusammenhang mit dem spurlosen Verschwinden von Ernst und die abgrundtiefe Traurigkeit über den Tod meiner Mutter, zu der ich in all den Jahren einen guten Kontakt aufrechterhielt, es jedoch versäumt hatte, ihr in den letzten Stunden beizustehen, konnte ich nur schreibenderweise in Worte fassen. »Ich habe bei ihr versagt, so wie ich bei meinem Mann versagt habe«, lese ich.

Meine Mutter hatte Ernst geliebt, für sie war mein Glück mit seiner Fürsorglichkeit verbunden. Sein Verschwinden brach ihr das Herz, und dass ich alles, was ihr verwehrt geblieben war – Liebe, Unterstützung, soziale Anerkennung –, jetzt anders wollte, blieb ihr ein Rätsel. Ich trug wenig dazu bei, dass sie meine Handlungen als Unwillen zur Genügsamkeit verstehen konnte. Ich erklärte mich nicht, rechtfertigte nichts, fragte um keinen Rat, sondern stellte sie stets vor vollendete Tatsachen. Nie hätte sie mich kritisiert, aber meine neue, befreite Welt blieb ihr fremd, das spürte ich.

Dass mein Leben immer unabhängiger und selbständiger wurde, hatte zur Folge, dass sich das Band zwischen uns zusätzlich lockerte. Die exzessive Bergsteigerei, der neue Mann an meiner Seite, das Geschäft. Mehr denn je fehlte es uns an Zeit und an Gesprächsthemen. Vielleicht, weil ich sie so sehr liebte, schmerzte dieser Zustand, dem wir beide aus dem Weg gingen, indem unsere Treffen seltener wurden. Gleichzeitig wusste ich, dass meine Mutter im Haus meines ältesten Bruders gut aufgehoben war, und auch jener Junge, der immer an ihrem Schürzenzipfel hing, wenn sie mich bei den Hungerbühlers besucht hatte, wurde ihr zu einem verlässlichen Freund.

Vor Weihnachten rief mich meine Schwägerin an und teilte mir mit, dass meine Mutter schwach sei, dass es ihr nicht gut gehe. Sie musste auf mich gewartet haben. Wie langsam verstreichen Stunden, wenn man bewegungslos in einem Bett liegt? Wenn man am schmalen Streifen Himmel erkennt, wie der Tag vergeht, die Zeit, das Leben? Wenn die Enttäuschung darüber, dass der herbeigewünschte Mensch nicht kommt, einen letzten Schmerz bedeutet? Sie rief nach mir: Lisbeth! Es waren ihre letzten Worte. Nicht da. Keine Zeit gehabt. Es bleibt für immer unverzeihbar.

Als ich nach der Beerdigung sehr traurig war, wütend auf mich und bittere Tränen weinte, hielt mein damaliger Partner diese Reaktion für dumm und übertrieben, und in diesen Sekunden realisierte ich, dass unsere Beziehung keine Zukunft haben würde. Im folgenden Jahr entfernten wir uns voneinander, ich erfuhr von einer Außenbeziehung, die er führte, blieb zuerst geduldig, war bereits ein wenig gleichgültig, konfrontierte ihn dann mit den Tatsachen und trieb unsere Trennung ohne Angst voran, jedoch in der Erkenntnis, dass Liebe nicht nur blind, sondern auch dumm machen kann. Wir hatten beide viel ins Geschäft investiert und keine Verträge gemacht, ein Versäumnis, das sich nun rächte, mich aber nicht daran hinderte, den Mann ziehen zu lassen, so wie ich immer loslassen konnte, was nicht bei mir bleiben wollte oder nicht mehr gut war.

Zur Zeit dieser Trennung traf ich per Zufall eine entfernte Bekannte, die einst eine Liebschaft mit Ernst unterhalten hatte. Bereits kurz nach seinem Verschwinden sprach sie aus, was schmerzte: »Er war dir nie treu. Sei nicht allzu traurig, dass er wegging.« Ich nahm diese Sätze kommentarlos hin, wir blieben Kolleginnen. Nun erzählte sie mir eine seltsame Geschichte, die sich wenige Wochen zuvor ereignet hatte. Sie wollte gerade das Mittagessen servieren, als das Wandtelefon klingelte. In der einen Hand balancierte sie eine große Schüssel, mit der andern nahm sie den Hörer ab und hörte, wie sich eine männliche Stimme meldete, die sie nicht sofort einordnen konnte: »Ich bin es. Erkennst du mich nicht?« Sie entgegnete hastig: »Ruf später an, sonst fällt mir das Geschirr zu Boden.« Sekunden später habe sie realisiert, dass es Ernst gewesen sein musste. Sie habe inständig gehofft, dass er sich nochmals melde, was nicht geschehen sei, trotzdem wolle sie mir die Geschichte nicht vorenthalten.

Diese Episode überraschte mich, und trotzdem war ich nicht schockiert. In den vergangenen Monaten hatte im Geschäft immer wieder das Telefon geklingelt, und wenn ich mein Ohr an die Muschel presste, signalisierte ein Piepston, dass es sich um ein Auslandsgespräch handelte. Minutenlang war jeweils nur stilles Atmen zu hören. Der erste Anruf war ein Schock. Die Hoffnung, es sei mein Mann, der die alte Geschäftsnummer auswendig kannte, ängstigte mich beinahe. Ich erinnere mich gut an diese Momente, die mich unvermutet und so eigenmächtig mit der Ungewissheit und der Vergangenheit konfrontierten: in der einbrechenden Dunkelheit, ich räumte gerade die neuen Wanderschuhe in die Regale oder biss in einen Apfel, das nächste Mal war ich mit Abrechnungen beschäftigt. Als sich der Anrufer erneut meldete, bat ich inständig, er möge sprechen, nur einen Satz, eine kurze Antwort geben. Ob es ihm gut gehe, fragte ich jedes Mal. Stille, Atmen, minutenlang. Und einmal begann ich zu erzählen. Von den Kindern, von seiner Mutter, auch von mir. Als ich meine Schilderungen beendet hatte, war es lange ruhig. Schließlich verabschiedete ich mich. Seither hat sich der Anrufer nie mehr bei mir gemeldet.

Reisejahre

Was schlecht war, lässt sich selten ändern. Die Karten neu mischen, das geht im richtigen Leben nicht, aber man kann erkennen, was man besser machen muss. Und dabei kommt das Gelernte vielleicht anderen, fremden Menschen zugute. Das Geben und Nehmen folgt bisweilen chaotischen Regeln, und gerecht geht es dabei auch nicht immer zu und her. Meine Lebensweisheiten klingen wie Kalendersprüche, ich weiß. Und trotzdem: Nur die Erfahrung bringt solche Einsichten, und manchmal hilft das Glück beim Wunsch, die neuen Erkenntnisse umzusetzen.

Das erste große Trekking unternahm ich zusammen mit meiner Tochter Anni. Die »Grande Randonnée 20« – auch unter der Abkürzung GR 20 bekannt – gilt als anspruchsvoll: Weite Teile der hundertsiebzig Kilometer langen Strecke führen durch alpines Gelände des korsischen Hochgebirges. Vor zwanzig Jahren existierten noch keine Verpflegungsmöglichkeiten, so führten wir Proviant und Zelte mit uns. Es war ein Abenteuer, eine Grenzerfahrung, in deren Verlauf wir verschiedene Berggipfel bezwangen, und mein Wunsch, weitere Länder zu bereisen und neue Herausforderungen zu suchen, stand bereits bei meiner Rückkehr fest.

Wohin mich mein Fernweh und meine Neugierde genau führen sollten? Ich wusste es nicht. Der Zufall kam mir zu Hilfe: Das Bergsportgeschäft lief zu diesem Zeitpunkt sehr gut, und im Verlauf der Zeit hatte ich den Konfektionsbereich mit exklusiven Insidermarken ausgebaut. Für eine professionelle Ausrüstung für internationale Tourengebiete reiste die Kundschaft aus der halben Schweiz nach Glarus.

Eines Tages stellte sich eine Kundin als Koordinatorin der Hilfsorganisation Helvetas vor, die Entwicklungsarbeit im südasiatischen Staat Bhutan leistet. Diese Frau erzählte mir viel über Land und Leute eines bitterarmen Königreichs, das an verschiedene indische Bundesstaaten und Tibet angrenze, den topografischen Verhältnissen in der Schweiz nicht unähnlich sei und sich daher hervorragend eigne, um Aufbauarbeit zu leisten. Ich erfuhr, dass der Staat auf über zweitausend Metern Höhe im Windschatten des Himalaja und anderen Achttausendern liegt und nicht nur im Winter eisige Temperaturen herrschen, denen die schlecht gekleidete Bevölkerung ohne richtiges Schuhwerk und warme Kleidung trotze.

Die Frau meldete sich später mit einem Brief bei mir. Aus Bhutan. Die dringend benötigte Goretex-Jacke schickte ich zusammengerollt verpackt auf die Reise, und Monate später erschien die Kundin wieder im Geschäft, um die Jacke zu bezahlen. In der Zwischenzeit hatten wir bereits große Mengen an qualitativ hochstehenden Markenartikeln gesammelt, die aufgrund winziger Produktionsfehler ausgemustert werden mussten. Vor allem an Unterwäsche und anderen wärmenden Kleidungsstücken mangle es in Bhutan, hatte mich eine zweite Kontaktperson informiert.

Die traditionelle Kleidung der Männer – der Go – besteht aus einem bodenlangen Jackenteil, das mit einem Gurt auf die gewünschte Länge gezogen wird, eine ebenso luftdurchlässige Tracht wie die Kira, ein knöchellanges Kleid, das die Frauen aus langen Stoffbahnen um ihren Körper wickeln. Bald gelangten die ersten Jack-Wolfskin-Jacken und Rohner-Socken ins Königreich. Kleidungsstücke, die noch heute – fünfundzwanzig Jahre später – getragen werden. Vor allem die Kniestrümpfe aus der Schweiz erfreuten sich großer Beliebtheit.

Nie vergesse ich den Tag, als der leibhaftige Onkel des regierenden bhutanischen Königs ohne Vorankündigung im Geschäft in Glarus erschien und nach der »Lii-sa-mar-tii« fragte. Nach einem längeren Begrüßungszeremoniell, bei dem ich schließlich die Geduld verlor und dem Mann und seinem Gefolge einfach die Hand schüttelte, bedankte er sich für meine regelmäßig eintreffenden Hilfspakete, die Hunderten von Landsleuten sehr geholfen hätten. Diese Nachricht machte mich glücklich. Menschen, die sich gegen ein persönliches Engagement aussprechen – mit dem Argument, durch Private gesammeltes Hilfsgut versickere irgendwo und komme nur seltenen jenen zugute, die es benötigten –, verstehe ich bis heute nicht. Meine Haltung ist pragmatischer: Gelangt nur ein einziges Kleidungsstück dorthin, wo es gebraucht wird, ist es besser, als wenn gar nichts ankommt.

Wochen nach dem hohen Besuch erreichte mich ein Schreiben auf handgeschöpftem Papier, mit goldfarbenen Siegeln verziert, in dem ich offiziell nach Bhutan eingeladen wurde. In Anbetracht der restriktiven Einreisebestimmungen handelte es sich bei dieser Einladung um ein riesiges Privileg, ließen mich meine Kinder wissen. Ich zweifelte an meiner Reisetauglichkeit. Mein Englisch war schlecht, meine bisher weitesten Reisen hatten nach Korsika und Jugoslawien geführt. Dies teilte ich dem zuständigen Minister nach langem Überlegen mit, worauf die prompte Antwort erfolgte, Übersetzer und Reiseleiterin würden mir selbstverständlich zur Seite gestellt.

Bereits damals unterhielt ich gute Kontakte zur Tibetergemeinde in Glarus. Die meisten Frauen und Männer arbeiteten in der Metallfabrik und organisierten für ihre Kinder einmal pro Jahr ein großes Schulfest, an dem ich jeweils helfend teilnahm. Der Mitbesitzer dieser Fabrik bot spontan an, mich zu begleiten, und nur noch die Mutlosigkeit – so musste ich mir eingestehen – hätte mich davon abgehalten, auf dieses Abenteuer zu verzichten.

Ein paar Wochen später saßen wir im Flugzeug nach Delhi. Bhutan selbst besitzt zwar eine eigene Airline, aber keine größeren Kerosinvorräte, die außerkontinentale Flüge erlauben würden. So landeten wir zuerst in der indischen Hauptstadt, wo wir umstiegen, um wenig später in der bhutanischen Metropole Thimphu anzukommen. Heute leben über 90 000 Menschen in der prosperierenden Stadt, bei meiner ersten Ankunft in den späten Achtzigerjahren bevölkerten knapp 15 000 Einwohner den engen Talkessel. Das Treiben in den Straßen, der Lärm, die Gerüche, die vielen Sinneseindrücke waren trotz der relativen Beschaulichkeit atemberaubend, aber Fremdartigkeit verspürte ich nicht, sondern eine seltsame Verbundenheit, die mich auch auf späteren Reisen in Asien stets begleitete.

Seit Mitte der 1970er-Jahre leistet Helvetas im Bumthang-Tal und anderen Regionen Aufbauarbeit. Diese Zusammenarbeit ging ursprünglich aus den persönlichen Kontakten zwischen einem Schweizer Geschäftsmann und dem damaligen bhutanischen König hervor und beschränkte sich zunächst auf den Hängebrückenbau und die Förderung der Land- und Forstwirtschaft. Viele Bereiche der Aufbauarbeit steckten in den Anfängen, als ich das Land zum ersten Mal bereiste. Meine Begegnungen mit den frühen Pionieren dieser Entwicklungsarbeit beflügelten mich und eröffneten mir neue Horizonte: So brachte ein Schweizer die erste gewerbliche Saftpresse nach Bhutan. Das mir vorgeführte hölzerne Ungetüm aus Kurbeln und Bottichen erheiterte die Bevölkerung anfänglich maßlos, wie mir erzählt wurde. Da die Obstbaumkultur im Königreich eine lange Tradition genießt, wurden jedoch bald große Mengen Apfelsaft produziert, ein Getränk, das die Einheimischen seither lieben.

Die bhutanische Imkerei ist ebenfalls dem Know-how der Eidgenossen zu verdanken, und seit Schweizer Kühe nach Südostasien importiert und erfolgreich mit den einheimischen Rassen gekreuzt wurden, erhöht ein widerstandsfähiges und aufgrund spezieller Hufe berggängiges Nutztier die Milcherträge im Land. Der nächste Schritt war naheliegend: Die Bevölkerung wurde in die Fertigkeiten der Käseproduktion eingeweiht, und bis heute wundern sich Touristen, wenn sie ein Käse-Chili-Gericht vorgesetzt bekommen. Schweizer Brotsorten sind einem Schweizer Bäcker zu verdanken, der entsprechende Getreidesorten ins Land brachte, außerdem auch die erste Pommes-Chips-Maschine, die das Verarbeiten der Kartoffelernte zu lang haltbaren Snacks ermöglichte.

Die klimatischen und topografischen Verhältnisse auf bis zu viertausend Metern Höhe blieben für unsere dreiköpfige Reisegruppe anstrengend. Wir übernachteten in den mitgebrachten Zelten, fanden aber oft auch Unterschlupf in den einfachen Behausungen der Bevölkerung. Im Beisein der Familien packten wir unsere mitgebrachten Vorräte aus, die auf den zentralen Feuerstellen im Wohnraum zubereitet wurden, und gemeinsam verzehrten wir die einfachen Mahlzeiten im Schein von Kerzen oder einer Kerosinlampe. Die weiten Wegstrecken, insgesamt rund fünfhundert Kilometer, legten wir zu Fuß zurück. Als Berggängerin verfügte ich über eine gute Kondition, und die raue Natur mit den üppigen Tälern und schneebedeckten Hochgebirgsregionen erwies sich als wunderbares Trekkinggebiet.

Die in den Felsen liegenden traditionellen Dörfer, Festungen und Klöster faszinierten mich ebenso wie die Menschen, die wir in den abgelegenen Winkeln des Landes kennen lernten. Fernsehen und andere Ablenkungsmöglichkeiten gab es damals nicht, der Alltag spielte sich im Rhythmus der Natur ab und war von vielerlei Verpflichtungen geprägt, die oft die Frauen zu übernehmen hatten, während sich die Männer dem Nationalsport – dem Bogenschießen – hingaben und gerne ein Glas zu viel tranken.

Anfänglich ließ ich alles Fremde auf mich wirken, aber im Verlauf von weiteren Aufenthalten lernte ich Bräuche und Eigenheiten der Einheimischen besser kennen und konnte meine Hilfe bald spezifisch und effizient planen. Als Durchreisende sammelte ich Adressen von Menschen, die weitab der Zivilisation lebten, und schickte diesen Familien später aus der Schweiz jene Dinge zu, die sie als dringend benötigt genannt hatten. Damals wurde mir auch bewusst, dass die persönliche Zufriedenheit mit einem inneren Weg zusammenhängt, den man allein finden und dann gehen muss.

An eine Episode erinnere ich mich besonders gut: Im Windschatten des mächtigen Himalajas durchquerten wir das Land, liefen über Schneefelder und durch dichte Wälder, erklommen Gebirge und Bergmassive und gelangten in ein winziges, von der Außenwelt komplett abgeschnittenes Dorf. Der offenbar blinde Familienälteste saß schweigend vor dem Haus auf einer Bank. Enkel, Schwiegertöchter und Söhne schwatzten mit ihm, schoben dem Vater und Großvater das

Abendessen in kleinen Portionen in den Mund, hielten ihm scherzend das Teeglas an die Lippen, strichen ihm über das Haar, wickelten ihm einen Schal um den Hals. Am Abend erzählte ich ihnen von den Altersheimen und Pflegekonzepten, die es in meinem Land gibt. Die Familie betrachtete mich in einer Mischung aus nachdenklicher Sorge und Mitgefühl. Schuhe, Strümpfe, das zweite Paar Hosen, alle Gefäße hatte ich zu diesem Zeitpunkt bereits verschenkt. Dieser offensichtlich sehr armen Familie händigte ich meinen leeren Rucksack aus, mehr hatte ich nicht zu bieten, fragte jedoch, ob sie etwas benötigten, was ich ihnen später zukommen lassen könnte. Zuerst war nur schüchternes Gemurmel zu hören, dann ließen sie meinen Begleiter wissen, sie würden eine Liste erstellen und mir diese am nächsten Tag aushändigen.

Am kommenden Morgen weckte mich Glockengeläut und der Geruch von frischem Holz und Jasmintee. Ich stand auf, ging ins Freie. Kraniche flogen hoch über mir durch den kalten Morgen. Mein Kopf schmerzte, ich war wie erschlagen. In meinen nächtlichen Träumen hatte ich – wie schon so oft – Ernst gesucht. Rennend und keiner Ordnung folgend, in Wäldern und apokalyptisch anmutenden Landstrichen, getrieben von Angst und Verzweiflung. Ich fand ihn nirgends, doch diesmal hörte ich im Traum seine Stimme: »Du weißt, wo ich bin. Du weißt es ganz genau.« Die eindringlich gesprochenen Worte deuteten Schreckliches an: dass mir mein Inneres eine Information verweigerte, die ihn längst zurückgebracht hätte. Dass all die vordergründige Sucherei nichts bringen konnte, weil die Wahrheit ganz woanders lag. Aber – ich konnte dieses Wissen weder aktivieren noch abrufen.

Wo war Ernst? Welche Zeichen hatte ich übersehen oder verdrängt? Ich zermarterte mir das Hirn, fand aber keine

Lösung und war froh, als ich das morgendliche Klappern von Blechgeschirr vernahm. Unsere Gastgeber servierten uns ein dermaßen scharfes Pfannkuchen-Frühstück, dass ich bald auf andere Gedanken kam, und von einigen Verbeugungen begleitet, wurde mir nun das angekündigte Schriftstück mit den formulierten Wünschen überreicht. Mein Begleiter warf einen Blick darauf, wunderte sich offenbar über das Geschriebene und übersetzte mir nach einer kurzen Pause lächelnd: »Sie haben nur eine Bitte, ich zitiere: ›Schafft in eurem Land die Altersheime ab und nehmt die alten Leute in eure Häuser auf. Was ihr tut, bringt kein Glück.‹« Ich dachte erst an meine Mutter, dann an all die Altersheime, in denen schweigsame Menschen am Ende ihres Lebens zu keiner Familie mehr zu gehören scheinen. Mein Magen verkrampfte sich.

Ohne dass sie eine Belehrung beabsichtigt hätte, zeigte mir diese Familie auf, dass sie keine Autobahnen, Telefonanschlüsse oder anderen Luxus brauchen, dafür aber über intakte Wertvorstellungen verfügen, die mit Geld nicht käuflich sind. Die Weigerung, sich allzu stark auf Besitztum und Status zu konzentrieren, macht die Menschen freier in Geist und Handlung: Diese Überzeugung führt auch mich bis heute durch das Leben. Irgendein Schlaumeier sagte mir einmal, Geben und Nehmen habe etwas mit dem Karma zu tun. Was Karma ist, wusste ich nicht, und es war mir auch egal, so wie ich bis heute kein religiöser Mensch bin.

In die Lehrtradition des Buddhismus wurde ich durch den Alltag mit den Menschen in Bhutan eingeweiht. Dabei erkannte ich, was mir als Idee sehr gefiel: Der Buddhismus versteht sich als Dach, als schützenden Schirm, unter dem alle Menschen Platz finden. Weniger radikal als andere fernöstliche Religionen, wird im Buddhismus von Hedonismus, aber auch von extremer Askese bis auf wenige Ausnahmen abgeraten. Es geht darum, einen Mittelweg zu finden, der im Alltag gehbar ist. Gelassenheit und Großzügigkeit genießen dabei einen hohen Stellenwert. »Nimm!« – diesen Ausdruck, den ich oft bei Tisch verwende, aber auch bei andern Gelegenheiten, in denen es etwas zu offerieren gibt, war das erste und einzige schweizerdeutsche Wort, das die Angehörigen der bhutanischen Königsfamilie lernten. Wenn der Schwager des Monarchen auf Süßigkeiten und Tee wies oder mich aus verschiedenen Zeichnungen auswählen ließ, war diese Großzügigkeit stets von einem Lächeln und dem schweizerdeutschen Ausruf »Nimm!« begleitet.

Die Verwandten des vierten Drachenkönigs – wie der damalige Herrscher von Bhutan genannt wurde – lernte ich später kennen. Überraschend wurden wir ins Krankenhaus von Thimphu eingeladen. Es herrschten spartanische Zustände, und wie auch in Indien üblich, hielten sich manche Angehörige auf der Straße vor dem Krankenhaus auf. Dort verweilten sie samt Kindern und Großeltern, die man nicht allein in den teilweise weit abgelegenen Dörfern zurücklassen wollte. Würzige Gerichte, frittierte Fladenbrote und Tee wurden den Patienten von ihren Verwandten vorbereitet und serviert, da die Verköstigung durch eine Spitalküche in vielen asiatischen Ländern unbekannt ist. In den Krankenzimmern war ein stetes Kommen und Gehen, als plötzlich leises Glockengeläut zu hören war. Mitten in der heißen Mittagszeit kündigten sich so die Angehörigen des Königshauses an, die, wie ich später erfahren sollte, mit ihrer Anwesenheit eine Aufklärungskampagne des Krankenhauses zum Thema Blutspende unterstützen wollten. Sofort strömten aus allen Abteilungen Krankenschwestern und Ärzte herbei und formierten mit feierlicher Sicherheit ein perfektes Spalier. Meine Begleiter und ich verfolgten das Geschehen vom Ende des Korridors aus, die Lieblingsschwester des Königs und ihr Gefolge, darunter auch ihr Gatte, schritten nun durch die Reihen der ehrfürchtig Versammelten. Die Anwesenden verbeugten sich vor der Prinzessin, knieten nieder, streckten die Hände nach der zierlichen Gestalt aus.

Irgendwann realisierte ich, dass sie mich ins Visier nahmen und mit ihren raschelnden Gewändern direkt auf mich zusteuerten. Auf mich, den ehemaligen Lüdi-Balg. Diskret wischte ich mir die schwitzenden Hände an der Hose ab und fuhr mir mit einer beiläufigen Geste durch das Haar. Mein Aufzug war der Situation absolut nicht angemessen, und meine verschämte Verschönerungsaktion brachte rein gar nichts. In totaler Unkenntnis des höfischen Protokolls sah ich der Begegnung aufgeregt, aber auch ein wenig unsicher entgegen. Je näher die Prinzessin auf mich zuschritt, desto unbehaglicher fühlte ich mich. Vor allem, weil sich frecher Trotz in meinem Hirn festzusetzen begann. Obwohl mich die Anwesenheit der königlichen Schwester sehr freute, wollte ich mich vor niemandem, auch nicht vor ihr, verbeugen. So kindisch mir diese Anwandlung heute erscheint, damals hätte mich nichts und niemand umstimmen können.

Als die Prinzessin vor mir stand und mich lächelnd mit meinem Namen ansprach, verstrichen zuerst einige Sekunden. Alle Augen auf uns gerichtet, herrschte nun komplette Stille. Zuerst ratlos, dann mutig, umarmte ich die schöne, bis in die Fingerspitzen gepflegte Frau schließlich spontan und drückte ihr einen Kuss auf die Wange. In Anbetracht dieser Unverschämtheit schien nun jedermann die Luft anzuhalten, worauf mich die Prinzessin klug lächelnd in ihre Arme schloss und mich ebenso herzlich begrüßte. Es war der Beginn einer Freundschaft, und in den folgenden Jahren besuchte ich sie viele Male in ihrer Gäste-Residenz. Sie lebten ohne Protz, und trotzdem verwöhnten sie mich und meine Begleiter stets im Rahmen der bescheidenen Mittel, die ihnen zur Verfügung standen. Gemeinsam mit der Prinzessin entdeckte ich ein Projekt, an dessen Aufbau ich mich beteiligen wollte. Die Choki-Kunsthandwerkschule liegt in Kabesa im Distrikt Thimphu. In hügeligem Grün stand der sogenannte Campus, damals zwei verwitterte Gebäude ohne Mobiliar. Eines davon figurierte als Schlafgemach, in dem fünf männliche Studenten auf dünnen Matten schliefen. Strom oder fließendes Wasser existierte nicht, und beheizbar waren die Räumlichkeiten auch im Winter nicht. Ein einziger Lehrer unterrichtete die kleine Gruppe von Schülern.

Das Augenmerk des Schulgründers Dasho Choki Dorji lag auf den jahrhundertealten Traditionen des bhutanischen Kunsthandwerks. Ursprünglich von Generation zu Generation weitergegeben, lehrten in der Neuzeit immer weniger Mütter und Väter ihre Töchter und Söhne das zeitaufwendige Spinnen und Weben (Thagzo), das Schnitzen (Patra), die traditionelle Malerei (Rimo) oder das kunstvolle Bearbeiten von Lehm (Jimzo). Um den Niedergang dieser Fertigkeiten zu verhindern, die auch dazu dienen, die uralten Kunstschätze des Landes zu erhalten, wurde das Schulprojekt initiiert.

Drei akademische Gebäude entstanden in der Zwischenzeit sowie ein zusätzliches Schlafgemach für die weiblichen Studenten, die eine eigene Klasse bilden. In den vergangenen Jahren wurde der Betrieb professionalisiert, der Unterricht kombiniert nun theoretisches Wissen mit praktischer Arbeit. Daneben werden Fächer wie Mathematik, Englisch und

Dzongkha, Bhutans Landessprache, gelehrt. Die rund achtzig Studenten werden heute während der Semester in Projekte der Regierung involviert, zum Beispiel in die Restaurierung der kunstvoll bemalten Tapeten im Simtokha Dzong, einem der ältesten historischen Monumente von Bhutan. Und alle achtzig jungen Frauen und Männer, die bisher ein Diplom bekamen, fanden sofort eine Anstellung. Die Ausbildung ermöglicht ein gesichertes Einkommen für sie und ihre Familien, und gleichzeitig beteiligen sie sich mit ihrem kunsthandwerklichen Können am Erhalt bhutanischer Traditionen.

Ich sammelte in der Schweiz Geld und verfolgte das Projekt bei meinen vielen Besuchen hautnah mit. Die Unterstützung durch das Königshaus war ausschlaggebend für den Erfolg dieser Schule, die in der Zwischenzeit auch als Vorbild für andere Projekte dient. Die Studenten dankten mir meine Hilfe – unnötigerweise, wie ich immer wieder mahnte, aber sie ließen sich nicht beeindrucken – mit den schönsten Bildern und kunstvollen Schnitzereien, die ich in Ehren halte. Der Kontakt zur Prinzessin verlor sich vorübergehend. Sie antwortete nicht mehr auf meine Briefe, und irgendwann erfuhr ich den Grund für ihr Schweigen. In Bhutan, einem Land, das jeglicher Gewalt abschwört, provozierte ein in meinem westlichen Verständnis nicht ganz so schlimmer Vorfall schwerwiegende Konsequenzen. Als einer ihrer Söhne in einen Streit verwickelt wurde und seinen Widersacher leicht verletzte, war die Scham und die Erschütterung der Prinzessin so groß, dass sie eine monatelange Schweigemeditation durchführte.

An meine wunderbare Freundschaft mit den Menschen eines fernen Landes erinnern mich das Erlebte und ein Geschenk, das mir bhutanische Gäste vor nicht allzu langer Zeit mit Grußworten der Prinzessin sowie einem beherzten

»Nimm!« übergaben: zwei uralte Schalen aus geschmiedeten Silbermünzen, dekoriert mit geschwungenen Drachensymbolen, dem Wahrzeichen Bhutans. Sie stehen mit anderen wichtigen Erinnerungen auf der Kommode. Direkt neben einem Teller mit Teelichtern. Sie brennen für Menschen, die ich liebte, die ich gehen lassen musste und die jetzt vielleicht und hoffentlich woanders ein gutes Leben führen.

Sebastian

Eine der Kerzen brennt für Sebastian, der mir zuflog wie ein schöner Schmetterling. Erst ließ er sich auf meiner Hand, später dann in meinem Herzen nieder, und als ich ihn zum Weiterflug animierte, blieb er einfach sitzen. Bis ihn ein kräftiger Windstoß Jahre später dann doch noch davontrug, zogen interessante Jahre ins Land.

Um Ernst hatte ich geweint und getrauert: Die Hoffnung, er kehre eines Tages – auf welche Art und Weise auch immer – zurück, hatte sich auch zehn Jahre nach seinem Verschwinden nicht bestätigt. So sehr ich ihn vermisste und die Ungewissheit über seinen Verbleib an mir zehrte, so sehr ich mir immer wieder das Hirn zermarterte über seinen im Traum gesprochenen Satz, ich wisse genau, wo er sei: Nie hätte ich ihn über Interpol oder einen Privatdetektiv suchen lassen. Der freie Wille des Menschen ist nicht korrigierbar. Wenn jemand wegwill, soll man ihn nicht daran hindern. So dachte ich damals, und obwohl das Schicksal Jahre später eine Wende nahm, denke ich heute wieder ähnlich.

Die Entscheidung, weiterleben zu wollen und all jene Dinge zu realisieren, die mit Ernst unmöglich gewesen wären, zeigte sich mir als Weg. Heute, in hohem Alter, bin ich der Überzeugung, dass die Leidenschaft, das Risiko, das Abenteuer Bestandteil der Selbstfindung und der Selbstbefreiung sein können und mich Mutanfälle nicht nur durch das Leben trugen, sondern auch am Leben erhielten. Manches relativierte sich später, die Leidenschaft ist nicht für immer, das Risiko irgendwann bekannt, das Abenteuer einschätzbar. Aber die damit verbundenen Erlebnisse halfen mir bei der Entdeckung meiner Persönlichkeit und – auf die Gefahr hin, dass ich mich wiederhole – bei der Erkenntnis, dass man über sich hinauswachsen kann, wenn große Veränderungen anstehen.

Als über fünfzigjährige Frau hatte ich nun genauere Vorstellungen von der Liebe, ich war kein unbeschriebenes Blatt mehr, auf das man zeichnen konnte, was man wollte. Von Zwängen, die in der Liebe manchmal zu Kompromissen führen, war ich glücklicherweise befreit: Die Familienplanung war längst abgeschlossen, finanziell und organisatorisch funktionierte ich unabhängig und eigenständig. An die Ehe als lang dauernde Lebensform glaubte ich aus unterschiedlichen Gründen nicht mehr, an die Liebe jedoch sehr. Weltoffenheit, Selbstbewusstsein, die Gabe, an andere Menschen zu denken, und eine gute Sexualität waren Wunschvorstellungen, wenn ich an einen Traummann dachte.

Sebastian lernte ich in Korsika kennen. Sein Hund schnupperte hartnäckig an meinem Hosenbein, sein hübscher junger Besitzer lachte, und so kamen wir ins Gespräch. Am Abend lud mich Sebastian zum Essen ein. Am nächsten Tag unternahmen wir einen langen Spaziergang am Meer. Dieses Programm wiederholte sich einige Male, und erstaunt erfuhr ich, dass er Legionär war und in der Hauptstadt ein kleines Studio bewohnte. Ein Fremdenlegionär mit Hund und festem Wohnsitz? Zuerst glaubte ich ihm nicht. Bei längerer Stationierung sei beides möglich, klärte mich Sebastian auf, und bei dieser Gelegenheit informierte er mich auch gleich über seinen Zivilstand: ledig. Er war schön, heiter und klug. Ein guter

Zuhörer, weit gereist, tolerant. Er war kein Kleinbürger, das merkte ich bereits nach wenigen Stunden. Wir verständigten uns mit Händen und Füßen.

Über die Fremdenlegion wusste ich damals nicht viel: Wochen zuvor hatte man mich aufgeklärt, dass die gut aussehenden Männer, die in der Abenddämmerung mit nacktem Oberkörper das Meer entlangjoggten, zu den auf Calvi stationierten Einheiten und dabei zur legendären Einheit der französischen Fremdenlegion gehörten: dem Zweiten Regiment der Fallschirmspringer. Nun erfuhr ich, dass die Legion ein Teil des französischen Heeres ist und über dieselben Strukturen, Ausrüstungen und Reglementierungen verfügt, jedoch im Gegensatz zur französischen Armee aus Nichtfranzosen besteht. Somit ist die Legion eine aus Ausländern zusammengesetzte Kampftruppe unter französischem Kommando. Eingesetzt wird sie in verschiedenen Kriegsgebieten rund um den Globus und zur Unterstützung der einheimischen Truppen: Im Tschad, in Zentralafrika oder der Elfenbeinküste sorgen sie für die Aufrechterhaltung der öffentlichen Ordnung, andere Einsätze hatten im Libanon, in Ruanda, in Somalia, in Bosnien-Herzegowina und im Kosovo stattgefunden.

Ich besuchte ihn. Die kleine Wohnung war gepflegt und geschmackvoll eingerichtet, meine Befürchtung, es handle sich um eine verlotterte Junggesellenbude, bewahrheitete sich nicht. Nach zwei Wochen trat Sebastian nur mit einem um die Hüfte geschlungenen Handtuch aus der Dusche, setzte sich auf den Stuhl neben mir, musterte mich interessiert und, wie mir schien, komplizenhaft. Vor mir saß kein Macho, sondern ein gut aussehender, aufmerksamer junger Mann, der in sich selbst zu ruhen schien, und doch: Das Abenteuer umgab ihn, unausgesprochen, aber selbstverständlich. Ich fand diese

Kombination mehr als faszinierend, und damals dachte ich, man kann über fünfzig Jahre alt sein und so viel erlebt haben, aber in der Tiefe des Herzens bleibt man doch immer ein junges Mädchen. Keine Frage – ich war verliebt. Die erste gemeinsame Nacht war wunderbar, leidenschaftlich, fremdartig.

Am Morgen trank ich Milchkaffee aus einem Glas, putzte mir die Zähne mit Zahnpasta, die nach Erdbeeren roch, goss einen Basilikumstrauch, der auf dem Tisch stand.

So tauchte ich in Sebastians Welt ein, die aus tausend Normalitäten bestand und doch so exotisch anmutete wie ein fernes Land. Seine Angewohnheiten, Routinen und kulinarischen Vorlieben. Seine Freunde. Seine Handschrift. Seine Kleidungsstücke, die mir ebenso unbekannt waren wie seine Lebensgeschichte, die es nun zu entdecken galt.

Das Zusammenprallen zweier Existenzen ist ein spezieller Moment und beinahe so einschneidend, wie wenn sich ein gemeinsames Dasein plötzlich halbiert. Die Vorstellung, dass unsere Leben emulgieren, auf wundersame Weise oder durch harte Arbeit miteinander verwachsen könnten, so sehr, dass man die Sätze des anderen zu Ende sprechen kann und sich das Geheimnis zugunsten der bedingungslosen Vertrautheit auflöst, hatte ich nicht. Im Gegenteil. Ich war zwar verliebt und mehr als begeistert, sah in unserem Zusammensein aber eine perfekte, weil freie Ferienliebe, die sich ohne Verpflichtungen auf die einfachen Tage im Jahr konzentrieren sollte. Die Erkenntnis des großen Altersunterschiedes traf uns beide erst Wochen später als böse Überraschung. Ich hatte ihn älter, er mich jünger eingeschätzt. Zwischen uns lagen fünfundzwanzig Jahre. Das war viel. Sehr viel. Sebastian war in einem ähnlichen Alter wie meine Kinder. Wie alt seine Mutter sei, fragte ich wohlweislich nicht.

Er sagte, mein Alter sei ihm egal. Arm in Arm schlenderten wir am Strand entlang, trafen auf zwei junge Kollegen aus seinem Regiment: Er hielt mich während des kurzen Gesprächs fest umschlungen, und danach blieb er einfach in meinem Leben. Von zu viel Freiheit und Unabhängigkeit wollte er nichts wissen, ich nahm seine Begeisterung als Geschenk, mahnte mich aber dennoch zu Vorsicht. Bald besuchte ich ihn regelmäßig, und die Verliebtheit dauerte an. Es war ein glücklicher und unbeschwerter Zustand: In der Schweiz waren die Kinder, das Geschäft, die Bergsteigerei. In Korsika gab es Sebastian und ein unbeschwertes Dasein mit endlosen Nächten und pflichtlosen Tagen, die nur aus uns beiden bestanden.

Im Verlauf der Monate erfuhr ich, dass er aus Portugal stammte, aus einer ehemals geachteten Familie. Sein Vater gründete vor der Nelkenrevolution im Jahr 1974 ein Dorf, kam jedoch aus politischen Gründen wiederholt ins Gefängnis und emigrierte schließlich nach Frankreich, wo der soziale Abstieg der Familie begann. In die Legion ging Sebastian nach eigenem Bekunden, weil er keine andere Wahl hatte. Als Jugendlicher hatte er für unbekannte französische Auftraggeber große Geldmengen in die Schweiz geschmuggelt. Seinen Ausführungen zufolge waren einige Grenzwächter in die Machenschaften involviert gewesen, und man ließ ihn jeweils ohne Kontrolle passieren. Bis zu jenem verhängnisvollen Tag, als er offenbar verraten wurde und ihm die Durchfahrt verwehrt wurde.

Der Rest der Geschichte sei in den französischen Zeitungsarchiven unter dem Titel »Rodeo auf Frankreichs Straßen« nachzulesen, erzählte er lächelnd und mit dem Zusatz, es sei alles lange her. Er floh mit dem Auto quer durch das Land, verfolgt vom Sirengeheul der Polizeiautos und zwei Helikoptern, wurde gefasst und vor die Entscheidung gestellt: Gefängnis oder Legion. Die Bewerber können sich auch unter falschem Namen anmelden, es liegt somit auf der Hand, dass sich in den Einheiten auch Männer aufhalten, die Schlimmeres auf dem Kerbholz haben als Sebastian. Auch ihnen wird absolute Anonymität zugesichert, als Gegenleistung müssen sie die harte Ausbildung absolvieren und sich zu einer langjährigen Dienstzeit verpflichten. Nach fünfzehn Jahren können sie in Pension gehen. Fortan erhalten sie eine monatliche Rente und gleichzeitig die Möglichkeit, in noch jungen Jahren ein neues Leben zu beginnen.

Um zu verhindern, dass die stationierten Legionäre über die Stränge schlugen, fanden in Calvi Abend für Abend polizeiliche Kontrollgänge durch die Hafenkneipen statt. Sebastian war anders, und meine positive Einschätzung, die in der ersten Verliebtheit nicht unbedingt verlässlich sein musste, bestätigte sich in den kommenden Monaten. Genau wie ich war auch er ein Abenteurer und gleichzeitig eine stabile Persönlichkeit, zuverlässig, ehrlich, friedfertig. Er hatte eine innere Frische und eine geistige Beweglichkeit, die ich liebte und schätzte. Zudem erkannte ich, dass Männer der jüngeren Generation – eher als die älteren Semester – Bereitschaft zeigen, sich mit ihren Gefühlen auseinanderzusetzen, und es ihnen weniger schwer fällt, Frauen als gleichberechtigte Partnerinnen zu akzeptieren.

Was Sebastian an mir mochte, formulierte er eines Nachts: »Ich liebe deine Lebenserfahrung und deine Reife und dass du trotzdem so lebenshungrig geblieben bist wie ein junges Mädchen.« Es war eine schöne Liebeserklärung. Unsere Beziehung lief besser und harmonischer, als ich erwartet hatte. Wir teilten ähnliche Interessen, Hobbys, die gleiche Weltanschauung und eine ähnliche Furchtlosigkeit dem Unbekannten gegenüber. Wir lachten viel, und die magnetische Anziehungskraft, die wir aufeinander ausübten, war auch noch nach Monaten ungebrochen.

Die Einladung, mich in Glarus zu besuchen, nahm er sofort an, und wenige Wochen später lag meine neue Liebe – ein siebenundzwanzigjähriger, fantastisch aussehender Jüngling – im Liegestuhl vor meinem Haus, winkte den neugierigen Nachbarn zu und wickelte bei den abendlichen Mahlzeiten meine Kinder um den Finger. Sie reagierten gut, mochten Sebastian, der ein Kollege hätte sein können, auf Anhieb und bewiesen Großmut und Toleranz, indem sie mir dieses neue Glück fraglos gönnten. Nach zwei Wochen reiste er wieder ab, nach weiteren zwei Wochen rief er mich an. Nach einem längeren Gespräch mit dem Chef der Legion habe dieser seinem Austrittsbegehren zugestimmt. Ich fragte, welchen Grund er für seine Demission angegeben habe. Sebastian antwortete: »Ich sagte, ich werde zu meiner Verlobten in die Schweiz übersiedeln.« Dem Vorsteher einer Elitetruppe leuchtete das Argument der Liebe offenbar sofort ein – ein Gedanke, der mich nur kurz erheiterte. Ich war sprachlos. Nach einigen Sekunden erkundigte er sich, ob ich noch da sei. Ich bejahte und fragte mit einem Anflug von Ironie, um wen es sich bei der Verlobten denn handle. Er antwortete: »C'est toi, Lisa.« So war die Sache nicht gedacht, und in der folgenden Stunde versuchte ich, Sebastian diese Idee auszureden. Ohne Erfolg. Nach der Verabschiedung wandte ich mich sofort an meine Kinder, die an diesem Abend zu Besuch waren. Anni und Werner fanden Sebastians Plan allerdings eine ausgezeichnete Idee und wiesen mich mit den Worten zurecht: »Lass es einfach laufen und genieß das Leben.«

Abenteuerlust hin oder her, dermaßen fatalistisch wollte ich dieses Kapitel nicht angehen, dafür war ich gewissermaßen zu alt und mein Realitätssinn zu ausgeprägt. Mit einer verbindlichen Beziehung zu einem sehr viel jüngeren Partner sind Risiken verbunden. Dies führte ich mir vor Augen, und in Gedanken malte ich mir auch die verschiedenen Szenarien aus, die mit Sebastians permanenter Anwesenheit in meiner Existenz verbunden sein könnten. Zudem: Welche Verantwortung würde ich auf mich laden? Gleichzeitig hatte ich ihn einige Wochen nicht gesehen und verspürte brennende Sehnsucht nach ihm. Langer Rede kurzer Sinn: Wenig später zog er mit Sack und Pack bei mir ein.

Meinen Ruf als brave Frau hatte ich – gottlob – schon längst verspielt. Das Erstaunen im Städtchen, dass die Marti Lisa mit einem Mann um die Häuser zieht, der altersmäßig ihr Sohn sein könnte, hielt sich in Grenzen. Ich war längst eine Exotin, aber die Glarner brachten mir immer Sympathie und viel Verständnis entgegen und erwiesen sich im Geist als tolerante Erdenbürger. Man lebt enger aufeinander als in der Stadt, kann die Marotten und Extravaganzen einordnen, auch weil man sich oft seit vielen Jahren gut kennt. Natürlich gibt es Ausnahmen, und es wurde geschwatzt: Ich war nicht mehr jung und auch nicht armengenössig, diese Kombination gab Anlass – wie mir auf Umwegen zu Ohren kam – für allerlei Vermutungen, die mich jedoch nicht verunsicherten.

Von Anfang an war klar, dass Sebastian im Geschäft mitarbeitet und dafür Kost und Logis erhält. Die Beschaffung einer Aufenthaltsbewilligung war in der Schweiz in jenen Jahren beinahe unmöglich. Theoretisch hätte er alle drei Monate ausreisen müssen, und wir wären drei Monate getrennt gewesen. Diese Regelung brachte nur Nachteile: für die Beziehung, aber auch für die berufliche Entwicklung der Betroffenen, denen im Ausland nur schlecht bezahlte Aushilfsjobs zur Verfügung standen, da sie auch dort bald wieder ausreisen mussten. Meinem unterbeschäftigten Nachbarn – er führte akribisch Buch über die Anwesenheit von Sebastian – ist es zu verdanken, dass eines Tages eine Vorladung der Fremdenpolizei ins Haus flatterte. In unguter Vorahnung wurde ich vorstellig. Beim zuständigen Beamten handelte es sich um einen Bekannten, der mir nach längerer Diskussion lachend erklärte: »Entweder heiratest du ihn, oder er wird ausgewiesen.« Diese Aussichten belustigten mich nicht wirklich. Bei aller Zuneigung war es mir unmöglich, in Zusammenhang mit unserer Beziehung an ein ewiges Versprechen zu denken. Die hundertprozentige Verbindlichkeit und das blinde Vertrauen in eine gemeinsame Zukunft waren offenbar Ernst vorbehalten gewesen, wie ich nun erkannte. Beides hatte sich nicht bewahrheitet, und in späteren Jahren fehlte mir der Wille, vor allem aber der Glaube, dass eine Partnerschaft für immer halten muss. Andererseits waren mein Gefühle für Sebastian wild und innig, also veränderte ich meine traditionelle Sichtweise kurzerhand und verwarf für ihn die Vorstellung von der Ehe als Institution ohne Verfallsdatum.

Andere unromantische Überlegungen durfte ich nicht außer Acht lassen, wollte ich die materielle Existenz nicht gefährden: Durch eine erneute Heirat würden mir Rentenleistungen in der Höhe von über hunderttausend Franken entgehen. Andererseits: Waren fünf – das war meine sehr pragmatische Prognose – glückliche Jahre nicht mehr wert als alles andere? Eineinhalb Jahre nachdem sein Hund zum ersten Mal an meinem Hosenbein geschnuppert hatte, heirateten wir. Es war eine Überraschungsparty, auf der Einladungskarte stand nur ein Satz: »Lisa's großer Bahnhof«. Beim Unterzeichnen der Papiere auf dem Zivilstandsamt wusste ich nicht, mit welchem Namen ich unterschreiben musste: mit seinem bürgerlichen Nachnamen oder mit demjenigen, den er als Fremdenlegionär zugewiesen bekommen hat? Der Beamte informierte mich mit hochgezogenen Augenbrauen, die Gäste lachten. Ich trug Hosen, eine ärmellose Bluse und keinen Schleier. Wir feierten im Bahnhofbuffet von Glarus ein rauschendes Fest, ganz anders als beim ersten Mal: lustig, ausschweifend und frei.

Mein hektischer Alltag blieb geprägt durch das Geschäft, meine familiären Verpflichtungen – Anni und ihre Kinder lebten damals mit uns unter einem Dach – und durch die Bergsteigerei, die mich auch mit Sebastian verband. Freunde, Kolleginnen und Unbekannte gingen in meinem Haus ein und aus, oft saß eine zehnköpfige Runde beim Abendessen, und die Hälfte der anwesenden Gäste sah ich zum ersten Mal in meinem Leben. Nach wenigen Monaten sprach Sebastian fließend Deutsch, er arbeitete auf dem Bau und in meinem Geschäft, hatte sich sehr gut integriert und erwies sich mir gegenüber als rücksichtsvoller und stets gesprächsbereiter Partner.

Ich blieb ruhelos, wollte viel unternehmen und viel erleben und war dadurch ständig unterwegs. Daran konnte auch meine neue Liebe nichts ändern, die allerdings eine erstaunlich häusliche Seite an den Tag zu legen begann. Am liebsten kochte er für alle und genoss bei eher seltenen Gelegenheiten die Zweisamkeit mit mir. Mir blieb die Eigenständigkeit wichtig, ich wollte nicht in alte Muster und Verhaltensweisen zurückfallen, die ich über kurz oder lang als beengend empfinden würde, was das Risiko eines erneuten Ausbruchs beinhalten konnte, wie ich wusste. Viele Monate später sagte Sebastian einmal: »In der Fremdenlegion war es ruhiger als bei dir.« Und noch heute spotten meine Freunde: »So toll kann das Leben mit dir ganz offenbar nicht gewesen sein. Sebastian wollte lieber in die Fremdenlegion zurück, als bei dir zu bleiben.«

Vieles entdeckte ich erst im fortgeschrittenen Alter, und man könnte einwenden, gewisse Verhaltensweisen seien für eine Frau in den besten Jahren einfach kindisch. In diesem Punkt gebe ich meinen Kritikern, von denen es im Städtchen nicht wenige gab, recht. Mit meinen beiden besten Freunden Ruedi und Gusti unternahm ich Spritztouren, wann immer uns der Übermut packte, und man kann es nicht anders formulieren: Blöd wie Teenager benahmen wir uns, krempelten die Nacht zum Tag um und lachten Tränen, wann immer ein dummer Streich oder schlechtes Benehmen Anlass dazu bot. Einmal flogen wir spontan nach München: Gusti hatte Kontakte in die feinste Gesellschaft und verschaffte uns Zutritt zu einem exklusiven Anlass, der von vielen Berühmtheiten besucht wurde, darunter der mittlerweile verstorbene Regisseur Bernd Eichinger und einige bekannte Schauspieler. Meine Woche war dermaßen anstrengend gewesen, dass ich – so erzählen Gusti und Ruedi noch heute – nach wenigen Minuten am Tisch mit den Prominenten einschlief, während der Champagner in Strömen floss und die Party bis in die frühen Morgenstunden dauerte. Feierten wir zu Hause im Glarnerland und Umgebung, lag Sebastian oft bereits im Bett, wenn ich nach Hause kam, und schüttelte ob meines verrutschten Aussehens amüsiert und verschlafen den Kopf.

Ein Vorteil des Alters ist, dass man sich von Zwängen und Ängsten, die einen in jungen Jahren belasten, befreien kann.

Mir war es ziemlich egal, was andere über mich dachten, und in diesem Sinn legte ich auch wenig Wert auf eine monogame Beziehung. Es interessierte mich nicht, es lag hinter mir. Paradoxerweise war ich Sebastian all die Jahre über treu, und unsere Leidenschaft füreinander blieb erhalten. Trotzdem – ich hatte es nicht anders erwartet – kristallisierten sich im Verlaufe der Zeit Unterschiede heraus, die man meiner Vergangenheit zuschreiben musste. Ich war in der Zwischenzeit eine, nun ja, gereifte Persönlichkeit, und Sebastian bewegte sich ausschließlich in meinem Leben, das durch meine Freunde, meine Ansichten und meine Eigenheiten geprägt war.

Außer bei meinen nächtlichen Spritztouren war er immer und überall dabei. Das ließ sich nicht vermeiden, bedeutete aber Abhängigkeit und persönliche Stagnation, die ich so nicht hinnehmen wollte. Ich verdammte mich für meine Gefühle, aber konnte nichts dagegen tun: Ich begann mich unfrei zu fühlen. Wäre es umgekehrt gewesen, hätte man wohl von einer traditionellen Rollenteilung gesprochen, aber so war unsere Konstellation in doppelter Hinsicht ungewohnt, zumal man Sebastian auch nicht als Pantoffelhelden bezeichnen konnte. Überlegen fühlte ich mich ihm gegenüber nie, er war mental stark und reifer als andere Männer in seinem Alter. Ich führte dies auf seine Erziehung und seine Familie zurück, die Wagemut und soziale Verantwortung an den Tag gelegt hatte, als sie sich vor und während der Nelkenrevolution ohne Rücksicht auf Verluste engagierte. Solche Leistungen, davon bin ich überzeugt, prägen auch die nachkommenden Generationen, die stolz auf ihre Familiengeschichte blicken dürfen.

Mein Bild des selbstbewussten Legionärs kam nie ins Wanken, ich respektierte meinen jungen Mann auch dafür, wie er mit der ungewöhnlichen Situation umging, aber entwickeln konnte er sich neben mir nicht, und das Entdecken eigener Talente blieb ebenfalls auf der Strecke. So betrachtet, verbaute ihm meine Anwesenheit, was mir selbst ein unglaublich großes Anliegen gewesen war: die Eigenständigkeit und die Selbstfindung.

Lange bevor er diese Nachteile selbst erkannte, machte ich ihn darauf aufmerksam. Was ihm am allermeisten fehlte, das glaubte ich zu spüren, war eine eigene Familie, Kinder, eine Frau, die ein richtiges Zuhause und jene Konzentration auf seine Person bietet, die er sich wünschte und auch verdiente. Meine sogenannt selbstlosen Einwände interpretierte er richtigerweise als Wunsch nach Distanz. Er reagierte verletzt, und damals erkannte ich, dass er mich vielleicht mehr liebte als ich ihn oder einfach anders: verzweifelter und festhaltend, so wie es jungen Menschen zusteht.

Wildwest in Schwanden

Anders als in meinen früheren Beziehungen, waren Gespräche und Diskussionen mit meinem zweiten Mann möglich, und Tabus gab es keine. Meinen freiheitlichen Ansatz, auch dies ein Resultat meines bisherigen Lebens, konnte Sebastian allerdings nicht nachvollziehen, er schien meine Worte nicht zu verstehen, sie ergaben keinen Sinn, weil es ihm, und das war sein jugendliches Recht, an entsprechenden Erfahrungen mangelte. Nach vier Jahren, ich hatte erneut etwas mehr Freiraum eingefordert, fragte er ohne Umschweife: »Willst du die Scheidung?« Was für mich von Anfang an klar gewesen war, dass wir nicht fünfzig Jahre verheiratet bleiben würden, schockierte ihn.

In allen Jahren zuvor musste ich jene loslassen, die wegwollten oder aufgrund unglücklicher Umstände wegmussten. Nun war es mein Wunsch, selbst zu bestimmen, wann es an der Zeit war, um einen Menschen gehen zu lassen. Womit ich nicht gerechnet hatte: dass dieser Mensch keinen Zentimeter von seinem Platz weichen wollte. Mein Umfeld reagierte erstaunt und befremdet auf mein Verhalten, ich konnte es ihnen nicht verübeln. Andere Frauen wären froh, hätten sie einen so zuverlässigen jungen Mann an ihrer Seite, wurde mir gesagt, und ich konnte natürlich nichts entgegnen. Kleine und größere Zwischenfälle sorgten in den kommenden Monaten für Spannungen. Es fielen böse Worte, das Unverständnis geriet auf beiden Seiten zu Trotz und bisweilen zu einer unterschwelligen Feindseligkeit.

Und erneut näherte sich ein verhängnisvoller Tag, an dem sich entlud, was ungut war und nicht länger ignoriert werden konnte. In drückender Sommerhitze hatte sich ein Streit zugetragen, der uns beide ratlos und traurig zurückließ. Auf meine Anregung, wir müssten unsere Beziehung überdenken und eine räumliche Trennung sei unter Umständen das Beste, reagierte Sebastian wütend und verunsichert sowie mit dem Argument, er habe sich erkundigt, das sei unmöglich, da wir schließlich Mann und Frau seien.

Anni, die sich zu diesem Zeitpunkt ebenfalls im Haus aufhielt, ergriff meine Partei. Es kam zu einer lautstarken Auseinandersetzung, die Situation drohte zu eskalieren. Nach einem kurzen Handgemenge, bei dem Sebastian meine Tochter anrempelte, stürmte ich wütend in sein Zimmer und warf einen Teil seiner Kleider aus dem Fenster, worauf Anni, meinem Beispiel folgend, weitere seiner Habseligkeiten aus dem Haus beförderte. Wir waren alle sprachlos über den heftigen Verlauf des Streits, worauf meine Tochter richtig bemerkte, dass ihre Anwesenheit nichts Gutes bewirke, den Rucksack packte, die Kinder rief und sich für den Rest des Wochenendes ins Klöntal verabschiedete. Dieser Unterbruch sorgte für eine Ruhepause, in der Sebastian verschwand.

In der Hoffnung, sportliche Aktivität möge mich ein wenig ablenken, beschloss ich, eine Runde im Pool zu schwimmen. Danach goss ich wie jeden Abend in der einbrechenden Dunkelheit die üppig blühenden Geranienkästen vor den Fenstern. Sie sind noch heute mein ganzer Stolz und führen dazu, dass jedes Jahr viele Touristen die pinkfarbene Pracht vor dem schwarzen Holzhaus fotografieren. Während des Wässerns dachte ich an meine Mutter und daran, dass ihr diese Pflege – falls sie mich vom Himmel aus beobachtete – bestimmt große Freude bereiten würde. Vertieft in meine Gedanken, schreckte mich ein Klickgeräusch auf. Als ich den Kopf hob, blickte ich in den Lauf einer Pistole. Sebastian sagte nur einen Satz: »Sie ist geladen.«

Die Situation war unwirklich, und ich realisierte im ersten Augenblick nicht, wie gefährlich dieser Übergriff war. Auf meine ungläubige Frage, ob er mich erschießen wolle, gab mein Mann keine Antwort. Mein nächster Gedanke war: »Wenn er mich tötet, hinterlasse ich immerhin ein geregeltes Leben.« Sebastian, der nie trank, roch nach Alkohol. Dass er eine Waffe besaß, wusste ich nicht, aber sofort drängte sich ein Gespräch in mein Gedächtnis, das wir vor Monaten geführt hatten und unter diesen Umständen eine furchterregende Dimension annahm: Damals hatte ich meinen Mann auf seine Auslandeinsätze in der Legion angesprochen und mich auch erkundigt, ob er Menschen umgebracht habe. Seine Antwort fiel sibyllinisch aus. In den Gefechten sei jeweils unklar, wer wen erschossen habe, daher könne er meine Frage nur mit »vermutlich schon« beantworten.

Die Pistole vor Augen, galt meine größte Sorge meinem geliebten Hund, den ich in Sicherheit bringen wollte. Ohne zu fragen, suchte ich ihn im ganzen Haus, während mir Sebastian leicht schwankend mit gezückter Waffe hinterherlief. Als ich »Flecki« im Auto verstaut hatte und in diesem Moment ans Steuer hätte springen können, um wegzufahren, wurde mir bewusst, dass ich beinahe unbekleidet war. In einem nassen Badeanzug und einem T-Shirt erschien mir eine Flucht unmöglich. In größter Angst reagiert der Mensch nicht immer rational, und so lief ich ins Haus zurück.

Bis zum Moment, als Sebastian mich grob am Handgelenk packte und sich die Pistole mit dem Satz »Du wirst zusehen, wie ich sterbe« in den Mund steckte, handelte ich gefasst und ruhig. Nun ergriff mich Panik. Das Schlimmste würde geschehen, wenn ich ihm glaubte, und die Verzweiflung, dieser dunkle Strom aus Angst und Machtlosigkeit, erinnerte mich an die Situation nach Ernsts Verschwinden, als ich in die leeren Betten griff und schlagartig realisierte, dass etwas Furchtbares geschehen sein musste. Ich entwand mich Sebastians Griff, rannte die Treppen hoch, stürzte zum Telefon, um die Polizei zu verständigen, aber die Leitung war tot. Wahllos griff ich nach Jeans und Jacke, aber bevor ich mich umziehen konnte, erschütterte ein ohrenbetäubendes Krachen das Haus.

Eine Sekunde lang machte mein Körper, was er wollte, aber ich hinderte ihn daran, sich zitternd zu verstecken. Noch heute sehe ich mich in größter Panik durch das untere Stockwerk rennen. Ich hörte Sebastians Stöhnen, befürchtete, er sei schwer verletzt, sprintete ins Freie – und vernahm Schritte hinter mir. Es war Sebastian, der den Schuss in die Decke abgegeben hatte, so nah an seinem Ohr, dass er einen leichten Gehörschaden davontrug, wie sich herausstellen sollte.

Dass die folgende Irrfahrt nicht tödlich endete, grenzt an ein Wunder. Die Pistole in meine Leiste gedrückt, hieß mich mein betrunkener und außer sich geratener Mann absurde Routen fahren, griff zwischendurch immer wieder ins Steuerrad, sodass ich den Wagen nicht halten konnte und auf die gegenüberliegende Fahrbahn geriet. Mehr als einmal kollidierten wir beinahe mit entgegenkommenden Fahrzeugen, die sich lichthupend an den äußersten Rand ihrer Spur retteten. Die Fahrt führte über Mitlödi nach Glarus und schließlich nach Schwanden zurück.

In der Gewissheit, dass mein Ende kurz bevorstand, riss ich in der Nähe meines Hauses die Fahrertür auf und ließ mich bei voller Geschwindigkeit aus dem Auto fallen. Den Kopf durch die Arme geschützt, überschlug ich mich. Verletzt und blutend, verspürte ich keinerlei Schmerzen, die Todesangst saß mir jetzt im Nacken und diktierte mir sicher die folgenden Aktionen des Überlebens. Wieder auf den Beinen, sprang ich über eine Mauer, fixierte das nächste Haus und wusste sofort: Dort kann ich mich in Sicherheit bringen. Vor dem Siedlungsblock lag ein weites Feld, das ich überqueren musste, und obwohl ich keine Ahnung hatte, wie man sich in einer solchen Situation verhalten soll, tat ich – wie mir die Polizei später sagte – das Richtige. In einer unberechenbaren Zickzacklinie rannte ich über das Ackerland. Sebastian mit seiner Waffe in einiger Entfernung hinter mir wissend, rechnete ich jede Sekunde damit, von hinten erschossen zu werden. Nichts geschah, und als ich mein Versteck außer Atem erreicht hatte, war die Haustür des Wohnblocks verschlossen. Erschöpft kauerte ich an die rückwärtige Hauswand, suchte schließlich Zuflucht auf der Ladefläche eines Pick-ups. Dieses Versteck verließ ich beinahe sofort, weil ich befürchtete, dass der Hund meine Spur aufnehmen könnte und dann ebenfalls in Gefahr schweben würde.

Nun fokussierte ich mein nächstes Ziel: die Dorfbar von Schwanden. Es war Sommer, ein lauer und für andere sehr schöner Abend. In der Wirtschaft herrschte heiteres Treiben. Zumindest bis zu meinem Auftauchen. Nie mehr vergesse ich den geschockten Gesichtsausdruck der Gäste, die beim Anblick einer verletzten, aber gefassten Frau in Badeanzug und T-Shirt sofort aufsprangen, mir einen Stuhl anboten und auf meine Bitte hin die Polizei verständigten. Im ersten Schock erklärte ich den eintreffenden Beamten. »Er hat meinen Hund. Den will ich wieder.«

Sebastian war in der Zwischenzeit samt Auto und – eben – Hund verschwunden. Mein erster klarer Gedanke galt Anni und den Kindern. Meine Tochter, die ihn gekränkt und seinen Zorn mitprovoziert hatte, hielt sich, nichts ahnend über den weiteren Verlauf der Auseinandersetzung, im abgelegenen Klöntal auf. Sofort hieß ich sie per Telefon Fenster und Haustür verbarrikadieren und informierte sie darüber, dass die Polizei unterwegs sei. Um Sebastian abzufangen, wurde eine Straßensperre errichtet. Mehr als alles andere setzte mir der Gedanke zu, dass meine Tochter und die geliebten Enkel in großer Gefahr schwebten. Was ich in der Aufregung vergaß: Meine Tochter ist gelernte Psychiatriekrankenschwester und besitzt Nerven aus Stahl.

Sehr ruhig und gefasst erzählte sie mir beim zweiten Anruf, sie stehe nun mit dem geladenen Gewehr ihres Vaters am oberen Fenster und werde Sebastian erschießen, falls er aufkreuzen und sich gefährlich verhalten sollte. Notfallmäßig verarztet, holten mich die Geschehnisse der vergangenen Stunden nun ein. Ich war verängstigt und verzweifelt. Als mich Stunden später die Nachricht erreichte, Sebastian sei gefasst worden, fiel ich im Haus meiner Freunde Gusti und Ruedi in einen erschöpften Tiefschlaf, aus dem ich nie mehr erwachen wollte. Flecki, den Sebastian in Glarus ins Geschäft gesperrt hatte und der in der Zwischenzeit von der Polizei befreit worden war, lag wohlbehalten neben mir.

Am nächsten Tag weckten uns laute Klopfgeräusche, gemartert und mit schmerzenden Gliedern nahm ich die Berichterstattung der Beamten entgegen. Noch in der Nacht hätten sie in Reichweite des Ferienhauses fünfunddreißig Schuss

Munition gefunden, die eindeutig von Sebastians Waffe stammten. Bevor die Straßensperre errichtet worden war, sei er in die Nähe des Hauses im Klöntal gelangt, habe den Wagen ohne Scheinwerfer in der Dunkelheit gewendet, und als die Polizei eintraf, musste diese zuerst überprüfen, ob es Anni und den Kindern gut gehe. Worauf er unbemerkt entkommen konnte, ihnen wenig später jedoch durch einen Zufall ins Netz gegangen sei. Die Munition müsse er – stark alkoholisiert – unbemerkt verloren haben.

Einen Tag später rief mich der Polizeikommandant von Glarus an und erzählte, mein Mann sei todunglücklich über die Geschehnisse der Nacht, die er sich nicht erklären könne und die ihm unverzeihbar erschienen. Seinem Amoklauf war offenbar ein Besuch bei meinen ehemaligen Schwiegereltern vorausgegangen, denen er erzählt hatte, ich schicke ihn für immer weg. Worauf diese entgegneten, das erstaune sie überhaupt nicht, schließlich hätte ich Jahre zuvor auch Ernst im Stich gelassen.

Anni und ich besprachen in den folgenden Tagen stundenlang, was zu tun sei. Würden wir Anzeige erstatten, hätte dies ernsthafte Konsequenzen für Sebastians Leben. Ich musste auch eigene Fehler eingestehen, die seinen Ausbruch provoziert hatten. Natürlich können sich solche Einwände unter Umständen fatal auswirken, weil sie den gewaltbereiten Menschen entlasten. Aber ich konnte nicht anders, fühlte mich mitschuldig.

Da niemand ernsthaft verletzt worden war, gelangten wir zum Schluss, auf eine Anzeige zu verzichten. Ab sofort sollte Sebastian ein eigenes Studio bewohnen, den Kontakt wollten wir jedoch nicht abreißen lassen. Fortan ging er in meinem Haus wieder ein und aus: Ich fragte jedes Mal, ob er bewaffnet sei. Seine trostreiche Antwort, über die ich nach dem dritten Mal tatsächlich lachen konnte, lautete: »Wenn ich dich umbringen möchte, könnte ich es auch mit bloßen Händen tun.« Fortan nahm ich mehr Rücksicht auf ihn, hielt mich mit Kommentaren zurück und versuchte, mich auf das Positive zu konzentrieren, das mich mit ihm verband. Sebastian benötigte Zeit, um sich mit einer Entscheidung auseinanderzusetzen und abzufinden, die ich bereits gefällt hatte. Die mittelfristigen Zukunftspläne, die wir vor dem fatalen Streit noch gehegt hatten, legten wir einvernehmlich und definitiv auf Eis.

Zu dieser Zeit war der Plan, in Portugal einen Campingplatz zu eröffnen, den er führen sollte, bereits weit fortgeschritten. Unzählige Male waren wir vor Ort gewesen, hatten ein Grundstück erworben und Handwerker zum Bau der Infrastruktur verpflichtet. Die Sistierung dieses Projektes – das mir drei Monate pro Jahr einen zweiten Wohnsitz geboten hätte – kostete mich Geld. Wenn man Risiken eingeht, fällt man manchmal auch auf die Nase. Aus Erfahrung mit dem früheren Partner, hatte ich mit Sebastian einen Ehevertrag abgeschlossen, der das Finanzielle im Fall einer Trennung regeln sollte. So kam ich zum Schluss: Mit einer neuen Liebe macht man die alten Fehler vielleicht nicht mehr, dafür andere, neue.

Ich möchte die schönen und leidenschaftlichen Jahre mit Sebastian nicht missen. Vielleicht führt er diesen Campingplatz heute weiter? Es könnte sein. Wir verloren uns viel später gänzlich aus den Augen. Monate nach der verhängnisvollen Nacht eröffnete er mir, er habe wieder mit der Fremdenlegion Kontakt aufgenommen. Man erlaube ihm, die fehlenden drei Jahre bis zum Rentenanspruch ohne Gradabzug oder Lohneinbußen nachzuholen. Die Chefs der Elitetruppe hatten offenbar nicht nur ein Einsehen, wenn die Liebe ihre Männer aus dem Hinterhalt traf, sondern auch, wenn sie diese Schlacht verloren. Den bereits anberaumten Termin beim Friedensrichter verschoben wir jedoch. Sebastian tat sich weiterhin schwer mit dem Gedanken einer endgültigen Trennung und hatte erneut um einen Aufschub gebeten. Ein Jahr später erst ließen wir uns scheiden. Wir waren vermutlich das erste Paar im Kanton Glarus, das dieses Ereignis mit einem Anlass feierte, zu dem wir Freunde und Bekannte einluden. Am Schluss des Abends umarmten und küssten wir uns als Frischgeschiedene. Es war traurig und schön zugleich, und wir blieben weiterhin in freundschaftlichem, aber auch leidenschaftlichem Kontakt, verbrachten gemeinsame Urlaube, besuchten einander in Korsika und Glarus. Wir fanden an die Anfänge unserer Beziehung zurück, die nun unabhängiger funktionieren durfte als während der Ehe. Ich wusste, dass es eine Frage der Zeit war, bis er eine Frau kennen lernen würde, die ihm gab, was mir unmöglich war: das Alleinige und Ausschließliche.

Einmal wurde ich von einer wütenden Frau kontaktiert, die offenbar mit Sebastian liiert war und von unserem weiterlaufenden Liebesverhältnis wenig hielt. Bei einem Gespräch ermahnte ich ihn, er müsse diese Dinge mit seiner Freundin selbst regeln, ich wolle mich nicht einmischen, da mich seine Affären nicht kränkten. Seine Antwort lautete: »Du liebst mich wirklich nicht mehr.« Ich dachte an meine Liebe, die ich für Ernst empfunden hatte, so umfassend, verbindlich und reich nuanciert. So gesehen, hatte er vermutlich recht.

Zwei Jahre nach der Scheidung eröffnete Sebastian mir, dass er sich ernsthaft in eine junge Frau verliebt habe. Ich war erleichtert, erinnere mich aber für immer an jenen Augenblick des Abschieds, als er in Glarus in den Zug stieg. Seine schöne Gestalt, das kluge und traurige Gesicht waren mir zugewandt, und ich wusste, dass ich ihn nie wiedersehen würde. Und so war es auch. Die vielen Postkarten und Briefe, die er mir in den folgenden Monaten schrieb, warf ich nicht weg. Lese ich sie heute, ist zwischen den Zeilen Sehnsucht und Liebe zu spüren. Viel später flatterte ein Schreiben ins Haus, in dem Sebastian berichtete, er habe erneut geheiratet und sei Vater einer kleinen Tochter geworden. Bei genauerer Betrachtung des Umschlags fiel mir auf, dass die Absenderadresse auf der Rückseite mit weißer Farbe übermalt worden war. Offenbar hatte eine unbefugte Mitleserin, so nehme ich zumindest an, die Möglichkeit einer Kontaktaufnahme meinerseits aus der Welt schaffen wollen. Ich verzichtete darauf, herauszufinden, wo Sebastian lebte, und somit auf ein Antwortschreiben, das vermutlich Unfrieden und Unruhe in die neue Beziehung gebracht hätte.

Spuren im Wind

Wie sich das Schicksal wiederholen kann, lernte ich mit meiner Tochter Anni. Zusammen mit ihren Kindern lebte sie damals bei mir in dem großen dunklen Holzhaus. Sieben Jahre lang blieb der Vater ihrer Kinder verschollen. Offizielle Stellen waren informiert, aber wenn in Zusammenhang mit einer Vermisstenmeldung kein Verbrechen vermutet wird, müssen die Angehörigen entsprechende Suchaktionen selbst initiieren, das heißt, Interpol oder Privatdetektive einschalten. Wir entschieden uns dagegen, weil wir nie jemanden zum Bleiben zwingen wollten. Eine einzige Ermahnung meinerseits, weil Anni und die Kinder nach der Scheidung monatelang ohne Unterhaltszahlungen geblieben waren, hatte seine Flucht provoziert. Meine Tochter widerspricht dieser Version und meiner Schuld, macht auf die persönlichen Probleme ihres ehemaligen Partners aufmerksam, der als Säugling zum Vollwaisen wurde und in verschiedenen Heimen eine schwierige Kindheit verbracht hatte.

Wie auch immer: Wir sahen ihn nicht mehr, hörten und lasen nichts von ihm, wussten nicht, wo er sich aufhielt. Wir dachten, er sei nach Korea zurückgekehrt, und viel später befürchteten wir, er sei gestorben. Nach Jahren fanden Wanderer in einem Waldstück bei Mollis einen Koffer mit menschlichen Überresten, so stand es in der Zeitung. Wir meldeten uns verängstigt bei der Polizei. Die anschließende Analyse des

Gebisses ergab, dass es sich wohl um einen asiatischen Mann handle, aber ein individuelles Merkmal, auf das wir aufmerksam machen konnten, stimmte nicht überein, und wir waren sozusagen beruhigt.

Er blieb verschwunden, sieben lange Jahre, in denen meine Tochter für die Kinder sorgte und auch ich ihre Lieblingsgerichte kochte und ihre Tränen trocknete. Jahre, in denen wir zu einer Einheit zusammenwuchsen, alle Ferien und die Freizeit miteinander verbrachten, ein finanziell eigenständiges Leben führten. Es war eine wunderbare, erfüllte und glückliche Zeit. Und dann meldete sich der Vermisste: nach zweitausendfünfhundert Tagen Abwesenheit. Aus dem Nicht heraus. Telefonisch. Er fragte nach amtlichen Papieren, seine Freundin wolle ihn heiraten. Wir benötigten eine Ewigkeit, bis wir glauben konnten, dass er atmete, sprach, lebte. Vorwürfe machten wir ihm keine, aber später fragte ich ihn: »Wo bist du in all den Jahren gewesen?« Er antwortete nicht »in Seoul« und nicht »in Busan«, erwähnte kein abgrundtiefes Unglück, keinen Absturz ins Bodenlose, späte Scham oder Verzweiflung über eine Existenz, die ihn daran gehindert hätte, Kontakt aufzunehmen. Er sagte: »Ich war in Winterthur.«

Eine Zugstunde von uns entfernt, hatte er die Geburtstage seiner Kinder, ihre Einschulung, ihre Ferien verpasst und ihre Traurigkeit und ihr Glücklichsein so sehr vermisst, bis er seine Vergangenheit einfach ausblendete und zu vergessen versuchte, nur so könne er sich sein Verhalten erklären, wie er meiner Tochter später erzählte. Nach seiner Rückkehr lebte er ein neues Dasein, arbeitete, und nach seinem plötzlichen Auftauchen erhielten die Kinder immerhin die Gelegenheit ihren Vater besser kennen zu lernen. Jahre später – als ihm die Schweizer Behörden die Aufenthaltsgenehmigung verweigerten, obwohl er seit seinem dreizehnten Lebensjahr in diesem Land zu Hause war – nahm er sich das Leben.

Die frühen Erfahrungen und späteren Erlebnisse, auch was ich in Indien, Bhutan, Tibet und in Nepal sah, bestätigte meine frühe Vermutung, dass Frauen häufig belastbarer sind als Männer und mit Veränderungen besser umzugehen wissen. In beinahe allen Kulturen halten sie zusammen, und oft genug sorgen sie für den Lebensunterhalt der Familien.

In Bhutan und Tibet sind monogame Strukturen zudem seltener, die nomadischen Männer sind manchmal monatelang unterwegs, und die Frauen sind viel allein. So entsteht manch außerehelich gezeugter Nachwuchs, der selbstverständlich in die Familien der Frauen integriert wird. Dass Kinder in einem verlässlichen Verbund von fürsorglichen Bezugspersonen glücklich sein können, wusste ich, bevor ich auf Reisen ging, in der Ferne wurde es mir bestätigt. In vielen Ländern wachsen Söhne und Töchter oft phasenweise – und manchmal sogar ganz – bei Großeltern, Tanten und Onkeln auf. In der Gewissheit, dass es den Kindern bei den Verwandten gut geht, zeugt diese Entscheidung in vielen Fällen vom Verantwortungsbewusstsein der Eltern. Die offenen Familienverbände anderer Kulturen imponierten mir und bestätigten gleichzeitig auch meine Vermutung, die in der Zwischenzeit sogar wissenschaftlich bestätigt wurde: Kinder, die nicht in der Obhut von Blutsverwandten, sondern bei Fremden aufwachsen, werden tendenziell weniger gut behandelt als der eigene Nachwuchs, in den Eltern, Großeltern, Tanten und Onkel selbstverständlicher Zeit, Geld und Engagement investieren. So wie die Hungerbühlers ihrem leiblichen Kind Liebe und Chancen gegeben hatten, war es ihnen offenbar unmöglich, ein angenommenes Kind – mich – ähnlich gut zu behandeln.

Als meine thailändische Schwiegertochter, die Frau von Werner, Anni und mir ihr Kind zum ersten Mal für längere Zeit in die Arme legte, schätzten auch wir diese Geste als verantwortungsvolle Handlung. Nicht viel später eröffnete sie uns, sie könne in der Schweiz nicht glücklich werden und wolle in ihre Heimat zurückkehren. Allein. Wir nahmen Sirinda, die nur sieben Wochen jünger ist als Annis Tochter Katharina, als Geschenk und zogen sie wie ein eigenes Kind auf. Als Baby trank sie an Annis Brust, und ihre Cousinen und die Cousins – meine anderen Enkel und Enkelinnen – wurden zu ihren Brüdern und Schwestern. Noch heute nennt Sirinda meine Tochter »Mami« und mich »Mutti«.

Mein jüngster Sohn Werner wusste, dass seine Tochter bei uns gut aufgehoben war, viel später erst sprach er von den Schwierigkeiten, seinen Wunsch umzusetzen und Sirinda zu sich in die Stadt zu nehmen. Angesichts meiner Begeisterung und Liebe für dieses Kind habe er es nicht übers Herz gebracht, seine Tochter aus der vertrauten Umgebung herauszureißen, wofür ich ihm ewig dankbar bin, ebenso wie für seine Freundschaft und Loyalität, die er mir in all den schweren Jahren entgegenbrachte. So lebte unsere zusammengewürfelte Großfamilie also wild und autonom, frei und doch in einer engen Gemeinschaft, in der es bis heute Liebe, Fürsorge und Freundschaft gibt. Kinder brauchen Freiheit und Geborgenheit, Interesse und Vertrauen in ihre eigenen Entscheidungen, die man oft nur dann nachvollziehen kann, wenn man sich mit ihnen befasst. Der Rest kann chaotisch ablaufen, den Normen widersprechen, es ist egal.

Anni, meine Tochter, lebt mit ihren drei Kindern inzwischen in einem eigenen Haus. Sirinda blieb bei mir und ist heute achtzehn Jahre alt. Der Alltag mit ihr erfüllt mich mit

Freude: Sie spielt leidenschaftlich gern Gitarre, zeichnet, liest und lernt daneben für die Schule. Vielleicht wird sie studieren, vielleicht auch eine Kunstausbildung machen – ihr Stilbewusstsein zeigte sich bereits in jungen Jahren, als sie geringelte Strümpfe und ein Tülljüplein trug und die Augen dunkel schminkte. Sie ist modern und selbstbewusst, eigenwillig und mit einem ausgeprägten Gerechtigkeitssinn ausgestattet. Sie lacht darüber, dass ihre Großmutter immer drei Dinge gleichzeitig erledigt, ständig redet und, anstatt endlich eine neue Küche einbauen zu lassen, lieber eine große Party organisiert.

Mein Haus wurde, was ich mir immer gewünscht hatte: eine weltoffene Wohngemeinschaft, in der mehrere Generationen unter einem Dach leben, Freunde und Kollegen ohne Voranmeldung ein und aus gehen und die Anordnung der Sofakissen, die Marotten der Nachbarn, in den Schnee geworfene Pfannen – all das Kleinliche, das Engstirnige, die Rappenspalterei – keine Rolle spielen.

Wie oft dachte ich in all den Jahren an Ernst und daran, was er nicht mehr erleben wollte: die Geburt seiner Enkel und deren erste Schrittchen. Die aufgehende Sonne in unseren Bergen, die verschneiten Täler, Holz sammeln, Tiere beobachten, fotografieren. Nach einer ausgedehnten Wanderung völlig erhitzt in das Becken eines Wasserfalls stehen. Den Rindsbraten essen, den er so gerne mochte. Eiskaltes Bier trinken. Tausendmal aufstehen und zu Bett gehen. Pilze, Steine, Blätter sammeln, ein Feuer entfachen, den Herbst riechen. Sehen, wie alle Dinge und ich älter werden. So wie er am Glück nicht mehr teilnehmen konnte, stand er uns auch in dunklen Zeiten nicht mehr bei. Das Schlechte relativiert sich mit der Zeit, seine Konturen verlieren den scharfen Glanz, und was bleibt, ist der Schmerz darüber, was nicht mehr ist.

Zehn Jahre nach Ernsts Verschwinden wollte dieser Zustand – obwohl im Polizeirapport von Suizid die Rede war – amtlich bestätigt werden: Ich musste einer Verschollenheitserklärung zustimmen. Man hatte mich bereits in früheren Jahren dazu ermahnt, ich wollte nicht, sah den Sinn nicht ein, wehrte mich gegen die Endgültigkeit einer solchen Bescheinigung, die auch »Ende der Persönlichkeit« genannt wird. Sie zieht die gleichen zivilstandsrechtlichen Konsequenzen nach sich wie das Eintreten des Todes und wird im Zivilstandsregister verzeichnet.

Einmal stieß ich bei meinen wiederkehrenden Suchaktionen im Ferienhaus im Klöntal auf ein altes Buch, das eine komplizierte Anleitung zum Bau einer batteriebetriebenen Suizidmaschine enthielt. Ich war entsetzt und dachte an die verhängnisvolle Nacht zurück. Als ich Ernst nach unserem Streit in den Keller laufen hörte. Die Geräusche knisterten erneut in meinen Ohren, bedrohlich und furchteinflößend jetzt. Er packte Batterien ein, so wie viele Male zuvor, damit die Lichtquelle im Klöntaler Haus gespeist werden konnte. War meine Annahme falsch gewesen? Waren die Batterien für einen anderen Zweck bestimmt gewesen? Ich relativierte den Fund des schrecklichen Buches mit der Erklärung, dass mein Mann technisch sehr interessiert gewesen war und beinahe wahllos alles las, was ihm in die Hände geriet.

Die mysteriösen Telefonanrufe, aber auch die damaligen Aussagen eines in Glarus anerkannten Mediums verunsicherten mich ebenfalls, weil beides schon früh auf ein Weiterleben hindeutete, aber nicht überzeugend genug gewesen wäre, als dass ich ernsthaft an Ernsts weitere Existenz hätte glauben können. Das Medium eröffnete mir bereits kurz nach Ernsts Verschwinden den weiteren Verlauf der verhängnisvollen

Nacht, den es aufgrund eines Kleidungsstückes rekonstruierte, das ich ihm ausgehändigt hatte. Die Aussagen bestätigten teilweise, was auch die Polizei berichtete. Die Spur von Ernst, die die Suchhunde vor dem Schneefall aufgenommen hatten, führte zu einer Schlucht und von dort aus zurück auf eine kleine Straße, wo sie unvermittelt abriss.

Was sich die Experten nicht erklären konnten, sah ein anderes Medium später: Im Willen, sich umzubringen, sei er in dieser Nacht aufgebrochen und aus unerklärbaren Gründen ein Stück auf der besagten Straße unterwegs gewesen, als neben ihm plötzlich ein Auto angehalten habe. Bei heruntergelassener Fensterscheibe sei ein kurzes Gespräch entstanden, worauf er zu einer französisch sprechenden Unbekannten ins Auto gestiegen und weggefahren sei. Wohin, konnte das Medium in den ersten Jahren nicht sagen, bei einer späteren Gelegenheit teilte es mir jedoch mit, was ich in den ersten Tagen nach dem Drama in sekundenschnellen Momenten ebenfalls wahrzunehmen geglaubt hatte: Bevor sich Ernst irgendwo ins Ausland abgesetzt habe, sei er noch einige Tage in der Schweiz geblieben und habe die Suchaktionen von einem Versteck aus beobachtet.

Trotz widersprüchlicher Hinweise und Aussagen musste ich mich im Verlauf von vielen Jahren damit abfinden, dass sein Leben in jener eisigen Winternacht ein Ende genommen haben musste, und dennoch beschlich mich bei den Meldungen, die im Fernsehen und in Zeitungen auf andere Vermisste aufmerksam machten, jeweils ein seltsames Gefühl.

So oft sahen die Verschwundenen wie brave Familienväter im mittleren Alter aus. Sahen aus, als seien sie den vielen Verpflichtungen bisher ohne zu klagen nachgekommen. Bis sie ihr Fahrrad eines Tages am Bahnhof abstellten und der Erdboden sie verschluckte. Die Unauffälligkeit scheint dabei manchen einen Dienst zu erweisen, weil sich niemand findet, der Angaben machen kann. Menschen, die still und ohne jegliche Extravaganz keinen Anlass für Aufmerksamkeit oder Beschwerden liefern. Die dem Streit, den Auseinandersetzungen aus dem Weg gehen und vielleicht auch aus diesem Grund imstande sind, radikale Entscheidungen wortlos zu treffen. Früher sprach man von Ehemännern, die nach dem Abendessen mit der Bemerkung, schnell Zigaretten holen zu wollen, aus dem Haus gingen und nie mehr zurückkehrten. Beruf, Hypotheken, Frauen, kleine Kindern hinter sich lassend und dorthin strebend, wo ein unverzüglicher Neuanfang ohne Konsequenzen möglich ist oder auch das endgültige Ende von allen Belastungen: ins Wasser oder vielleicht doch eher in ein weit entferntes Land? Verzweifelte Frauen können die Häuser nicht halten, verfallen dem Alkohol, werden depressiv, landen auf dem Fürsorgeamt. Auch weil die Hinterlassenenzahlungen ausbleiben, solange noch eine kleine Chance besteht, dass der Ernährer noch atmet und vielleicht – irgendwo – eine andere liebt. Ob er noch lebt oder aber ob er tot ist, weiß man nicht, solange kein Leichnam existiert.

So eilig wie im Fall von Ernst wird fast nie entschieden: tot. Der kommt nicht wieder. Auch dies erfuhr ich aus den Zeitungen: Von den jährlich rund fünftausend Vermissten – darunter auch Frauen und Kinder –, die in der Schweiz pro Jahr polizeilich erfasst werden, tauchen über achtzig Prozent in den ersten achtundvierzig Stunden wieder auf. Doch wo sind die anderen? Weg. Vom Erdboden verschluckt. Spurlos vorhanden.

In Deutschland gibt es seit vielen Jahren Fernsehsendungen, die nach lang Vermissten forschen, und bei diesen Aktionen machen sich Experten aus den verschiedensten Disziplinen auf die Suche. Sie stellen Nachforschungen an, die das finanzielle Budget der Zurückgebliebenen sprengen würden, weil solche Recherchen monatelang dauern und auch ins Ausland führen können.

Schwestern und Brüder wollen einander nach über sechzig Jahren Trennung finden, Kinder suchen ihre leiblichen Mütter und Väter, der Greis seine Jugendliebe. Mit den Geschichten sind Schicksale verbunden, verworrene Umstände und immer die Hoffnung, dass das Vermissen und Fehlen, das Deuten und Zweifeln ein Ende nehmen möge. Wenn sich fremd gewordene Menschen vor laufender Kamera in die Arme fallen und weinen, aus Erleichterung, vielleicht aber auch aufgrund der plötzlichen Ahnung, dass es nicht so sein wird, wie man es sich vorgestellt hat, ist es trotzdem schön.

In der Schweiz existiert der Dienst »Nachforschungen nach vermissten Personen« des Bundesamtes für Polizei (fedpol). Er unterstützt Behörden, karitative Institutionen und Familien bei der Suche nach ihren Liebsten, stößt wegen der Bestimmungen zum Daten- und Persönlichkeitsrecht aber manchmal an seine Grenzen. Die Aufenthaltsforschung erfolgt in Zusammenarbeit mit in- und ausländischen Behörden. Vermisste Personen, die man ausfindig macht, müssen über die sie betreffende Anfrage informiert werden. Es liegt in ihrer Macht, zu entscheiden, ob sie einen Kontakt mit den Suchenden wünschen und ob ihre Adresse kommuniziert werden darf. Bei den medialen Zusammenführungen in den Vermisstensendungen sind abtrünnige Ehemänner selten vertreten. Vielleicht bringen die angeregten Suchaktionen nichts, die Spuren verlieren sich. Und: Wenn man den Menschen doch findet, in Südamerika oder Swasiland, mag er vielleicht nicht mit seinem alten Leben und den vergessen geglaubten Verantwortlichkeiten konfrontiert werden. Es ist sein gutes Recht. Wenn ein Mensch weggehen will und ihm keine strafrechtlichen Verfehlungen nachgewiesen werden, darf er dies tun. So gesehen, ist der freie Wille unantastbar. Das finde ich – trotz allem – richtig und gut.

Meine Überzeugung, Ernst sei tot, geriet viele Jahre nach seinem Verschwinden dauerhaft ins Wanken. Es ist eine Erschütterung, die bis heute andauert, denn Unglaubliches trug sich zu, was mit Zufällen allein nicht erklärbar ist. Um diese Geschichte zu erzählen, muss ich ein wenig ausholen: Mein jüngster Sohn lebte damals in einer Wohngemeinschaft in Zürich. Bei einem seiner Mitbewohner handelte es sich um den jüngsten Sohn jenes Ehepaares, mit dem ich vor Jahrzehnten als junges Mädchen im Restaurant Rhodannenberg zusammengearbeitet hatte. Seine Schwester Lea war als Sachbearbeiterin bei einer Versicherung in Zürich beschäftigt. Eines Tages, sie wollte gerade in den Feierabend aufbrechen, klingelte das Telefon, worauf sich eine gebrochen Deutsch sprechende Frau meldete. Sie bewerbe sich als Putzfrau auf das Inserat in der Zeitung. Lea erwiderte, davon wisse sie nichts, die Frau müsse sich verwählt haben. Nach kurzer Pause fügte Lea aber spontan an, sie selbst suche privat eine Reinigungskraft, ob man sich treffen wolle.

Beim Vorstellungsgespräch erfuhr Lea von Maria Kessler – so der Name der Frau –, sie sei Bolivianerin, mit einem Schweizer verheiratet und lebe mit ihm in der Nähe von Santa Cruz. Weil sich eines ihrer Kinder medizinisch in der Schweiz behandeln lassen müsse, halte sie sich hier auf und verdiene mit Reinigungsarbeiten ein wenig Geld dazu. Bald arbeitete die junge Frau nicht nur für Lea, sondern auch für die Wohngemeinschaft ihres Bruders. Mein Sohn lernte zu diesem Zeitpunkt

Spanisch, und bei den kollegialen Treffen mit Maria konnte er seine neu erworbenen Sprachkenntnisse unter Beweis stellen. Auf den Namen am Türschild weisend, sagte Maria beim zweiten Besuch, sie kenne auch einen Marti, zu Hause in Bolivien, der sei ebenfalls Schweizer. Werner erwiderte, dies erstaune ihn nicht, handle es sich doch um einen sehr geläufigen Nachnamen. Seine Neugierde war nur mäßig geweckt, eher beiläufig erkundigte er sich, unter welchen Umständen der besagte Mann nach Südamerika gekommen sei. Marias Antwort, die über unsere Familiengeschichte nicht im Bild war, ließ Werner aufhorchen. Sie erzählte, der Schweizer sei vor vielen Jahren mit einer Französisch sprechenden Frau angereist, die in der Zwischenzeit aber verstorben sei. Nun sei der Mann, ein eigenartiger Kauz, der nicht mit jedem spreche und manchmal tagelang verschwinde, mit ihrer Nichte verheiratet. Ihre Nichte habe seine erste Frau gepflegt, und gemeinsam bewohne das neue Ehepaar heute eine selbst gebaute Hazienda in der Nähe eines kleinen Dorfes außerhalb von Santa Cruz. Nun war Werner alarmiert, und er stellte zusätzliche Fragen. Der Mann verdiene den Lebensunterhalt, indem er elektrische Leitungen und Wasserrohre verlege, und er erzähle zudem, er habe in Europa eine Frau und drei Kinder zurückgelassen, ergänzte Maria. »Wie lautet sein Vorname?«, fragte Werner. Marias Antwort – »John« – beunruhigte ihn zusätzlich. Johannes hieß auch Ernsts Vater.

Konsterniert und verwirrt nahmen wir diese Neuigkeiten auf, die uns verlässlicher erschienen als alles, was wir bis anhin gehört hatten. In den vergangenen Jahren hatte es immer wieder unbekannte Menschen gegeben, die auf Umwegen von unserer Geschichte erfahren hatten und etwas beitragen wollten: Einmal kam jemand ins Geschäft und war der felsenfesten Überzeugung, Ernst lebe in einem Kibbuz in Israel. Behauptungen, man habe ihn mit Bart und ohne Bart an diesem und jenem Ort gesichtet, erwiesen sich als nicht stichhaltig und schienen der Fantasie der Erzählenden und ihrem Wunsch zu helfen zu entspringen. Im Bedürfnis, Klarheit zu schaffen, verzichtete ich auch in späteren Jahren nicht auf die parapsychologischen Möglichkeiten der Spurensuche. Mit unterschiedlichen Ergebnissen: Jenes Medium, das mir erzählt hatte, Ernst sei noch einige Tage in der Gegend geblieben, bevor er sich ins Ausland abgesetzt habe, ließ mich später wissen, sie spüre nur noch schwache Lebensenergie, er sei vermutlich krank, liege womöglich im Sterben. Und auf einem Trekking in Nepal zog mich einst ein Einheimischer ungefragt zur Seite, betrachtete meine Handfläche und erklärte: »Der Mann, den du suchst, hat in seinem Leben zwei Häuser gebaut, und er lebt.« Solche Aussagen und Prophezeiungen konnten wahr sein oder auch nicht, und irgendwann sah ich ein, dass sie im Grunde genommen wenig zur Klärung beitrugen, weil sie so einfach manipulierbar waren.

Im Fall von Maria lagen die Dinge anders: Es hätte einer raffinierten, wenn nicht unmöglichen Planung bedurft, um jene Umstände zu inszenieren, die sie zu uns geführt hatten. Vor allem konnte sie nicht wissen, dass Lea ihr spontan Arbeit bei sich zu Hause anbieten würde, was dann, ohne direkte Initiative von Maria, den Kontakt mit Werner möglich gemacht hatte.

Nach dem ersten Schock erschien das Schicksal in neuem Licht. Lebte Ernst seit Jahrzehnten im Ausland? Fehlende Puzzleteile schienen sich nun plötzlich zusammenzufügen, und neue Fragen tauchten auf. Die Vorstellung, dass er irgendwo eine neue Existenz aufgebaut hatte, verunsicherte mich, und gleichzeitig erfüllte mich dieser plötzliche Silberstreifen am Horizont mit großer Hoffnung und Trost. Vielleicht hatte er – genau wie ich – die Chance ergriffen und aus seinem Leben etwas gemacht, was mit mir zusammen unmöglich gewesen wäre? Wie war es ihm in dieser langen Zeit ergangen? Vielleicht hatte er gelacht, geliebt, ein spätes Glück gefunden mit Erlebnissen und Abenteuern, auf die er sich einlassen wollte?

Wir erzählten Maria unsere Familiengeschichte, die sie ebenso tragisch fand wie ihre plötzliche Rolle in diesem »griechischen Drama«, wie sie einmal sagte. Sollte ich meinem Mann einen langen Brief schreiben, ein Tonband besprechen und es durch Maria überreichen lassen? Würde er mein Eindringen in sein Leben als Übergriff empfinden? Ich war hin- und hergerissen, zog Werner und Anni zurate, die dieser Wende aber ebenfalls fassungslos und ratlos gegenüberstanden. Ernsts Reaktionen und Gefühle angesichts seiner plötzlich auftauchenden Schweizer Familie waren Aspekte, die es zu bedenken galt. Wir mussten uns auch fragen, ob wir uns einem Menschen aufdrängen wollten, der offensichtlich seit vielen Jahren nichts mehr von uns wissen wollte.

Und wie beginnt man eine auf Papier gebrachte Geschichte, und wie beendet man sie? Welche Informationen sind Pflicht, und was verschweigt man besser? Zudem: Was erwartet man von einer Kontaktaufnahme? An ein erneutes Zusammenfinden dachte ich nicht. Allein der Gedanke, dass es ihn noch gab, war eine riesige Erleichterung, ein unverhofftes Geschenk. In den Wochen, in denen ich das Dafür und das Dawider abwog und nachdachte, fühlte ich mich wie befreit. Die Last der Schuld fiel von mir ab. Der schreckliche Gedanke, dass ihm das Leben auch durch mein Unvermögen genommen worden war, dass ich ihn im Unglück zurückgelassen, vielleicht mit unsinnigen Drohungen zum Äußersten getrieben hatte, er keinen anderen Ausweg mehr sah als den Tod, hatte mich all die Jahre begleitet. Verdrängt und unausgesprochen, aber unterschwellig war all das immer vorhanden gewesen, wie ich nun feststellte.

Maria wurde eine Freundin der Familie, eine Vertrauensperson, und als ihre Heimreise bevorstand, baten wir sie – falls irgendwie möglich –, Fotografien von »John« zu organisieren. Durch die aktuellen Ereignisse war Ernst erneut ein lebendiger Bestandteil meines Daseins geworden. Wie ein wärmendes Licht begleitete mich die Hoffnung, und die Neuigkeiten ließen zum ersten Mal seit seinem Verschwinden positive Träumereien zu. Ich dachte über ihn und über uns nach, stellte mir vor, wie er in einem kleinen Dorf in Bolivien lebte, wie sein Alltag mit der neuen Frau verlief und mit den vielleicht nur wenigen Freunden, die ihm sehr nahestanden, weil sie seine Gedankenwelt verstanden und seine Interessen teilten. Was ass und trank er? Rauchte er einheimischen Tabak, und was entdeckte er alles in der tropischen Natur? Exotische Vögel und Pflanzen, schimmernde Steine und knorriges Wurzelwerk, das er polierte und ausstellte, so wie er es auch mit Fundgegenständen getan hatte, die er einst in den umliegenden Glarner Wäldern gefunden hatte?

An schlechten Tagen stellte ich mir vor, wie er von allen verlassen, krank und einsam irgendwo im Dschungel dahinvegetierte, unglücklich war und verloren. Ob er manchmal an uns dachte? Ob die Zeit auch seine Wunden geheilt hatte? Wie er wohl aussah und ob er sich charakterlich verändert hatte? Das Ende unserer Ehe, unsere Unfähigkeit, den Problemen auf den Grund zu gehen, mein Ausbrechen, sein Schweigen will ich nicht relativieren und nicht entschuldigen. Aber in Anbetracht seines möglichen Überlebens fand ich nun auch Erklärungen, wieso er verschwand und sich in all den Jahren nie melden konnte. Ich war mir plötzlich sicher: Zehntausend Tage und Tausende von Kilometern Distanz konnten nichts daran ändern, dass er im Herzen ein Vater blieb, der den Kontakt mit den Kindern gesucht hätte, wenn es ihm möglich gewesen wäre, und auch anderes interpretierte ich im Zusammenhang mit einem hoffnungsvollen Ausgang des Dramas neu: Bei der damaligen Affäre mit dieser sehr jungen Frau handelte es sich um eine moralische Übertretung, die mit seiner Krankheit in Verbindung gestanden haben musste.

Heute weiß man, was damals kein Thema war: Kinderlähmung kann – auch wenn keine äußerlich sichtbaren Schäden zurückbleiben – zu Folgeschäden führen. Rasche Erschöpfung, aber auch Stimmungslabilität, schwere Gedächtnisstörungen und bleibende Persönlichkeitsveränderungen gehören zum sogenannt pseudoneurasthenischen Syndrom. Er muss damals gespürt haben, dass etwas Fremdes mit ihm geschah, eine Veränderung und Hemmungslosigkeit, die ihn ängstigte und die er nicht einordnen konnte. Sonst hätte er meine Anregung, seinen Zustand erneut abklären zu lassen, nicht mit der Bemerkung quittiert: »Dann stecken die mich gleich in die Klapsmühle.«

Diese außereheliche Geschichte, die mich erzürnt hatte – nicht weil Ernst untreu war, sondern weil das Mädchen so jung war –, und meine Drohungen in diesem Zusammenhang hätten als Gründe für eine Flucht gereicht. Ernst war ein Ehrenmann, und das Auffliegen dieses Skandals, der nicht zu seinem Wesen und nicht zu seinen Wertvorstellungen gepasst hatte, hätte ihn mehr als alles andere beschämt.

Als möglicher Grund für sein Schweigen kamen auch die geleisteten Hinterlassenenzahlungen infrage. Ein Lebenszeichen von ihm oder gar eine Rückkehr hätte versicherungstechnische Fragen aufgeworfen, und die Konsequenzen für die Kinder und mich wären unter Umständen schwerwiegend gewesen. Vielleicht, so dachte ich nun in ruhigen Stunden, wollte er uns und sich selbst den Skandal seiner Auferstehung ersparen und blieb aus diesem Grund wie vom Erdboden verschwunden.

An anderen Tagen quälten mich Zweifel. Und wenn die guten Neuigkeiten nichts weiter als ein böser Streich des Schicksals waren? Mit dem einzigen Ziel, die geweckten Hoffnungen nicht zu bestätigen? Ein solcher Blitzgedanke erschütterte mich, als ich über Ernst und sein Wesen nachdachte, darüber, wie er in seinem tiefsten Innern gefühlt hatte. Der heimatlichen Scholle so sehr verbunden, so eins mit seinen Routinen und Verpflichtungen, und als ich nach einigen Jahren, in denen wir unsere Ferien im Klöntal verbracht hatten, eine kleine Auslandreise anregte, willigte er nur mir und den Kindern zuliebe ein. Das unexotische Reiseziel war eine beschauliche Insel im damaligen Jugoslawien. Das Meerwasser tat ihm, der bereits krank war, gut. Viele Male reisten wir in den folgenden Jahren auf die gleiche Insel, und wenn er nicht verschwunden wäre, würden wir wohl noch heute unsere Urlaube in dieser geordneten Ferienwelt verbringen. Wir erkundeten alles akribisch. Die winzigen Buchten, Häuser, Esslokale waren uns bald nicht mehr fremd, sondern beinahe so vertraut wie ein ruhiges und altbekanntes Zuhause.

Seine mögliche Flucht ins Ausland mochte durch die Verzweiflung, durch den Leidensdruck geprägt gewesen sein: Beides lässt einen über sich hinauswachsen, und unverrückbar scheinende Charaktereigenschaften scheinen für den Moment oder für immer überwunden. Trotzdem zweifelte ich bei diesen Erinnerungen daran, dass Ernst eine solch exotische Destination wie Südamerika als neuen Lebensplatz gewählt haben sollte. Eine ihm völlig fremde Kultur mit Menschen, deren Sprache er nicht kannte, und einem unberechenbaren Alltag, dem er als Zugezogener nicht ausweichen konnte.

An einem der nächsten Tage ging ich wie so oft ins Ferienhäuschen im Klöntal. Die Besuche blieben in all den Jahren eine schöne Gewohnheit. Obwohl ich nie mehr allein dort übernachtete, fühle ich mich in diesem Haus, das so sehr mit unserem Schicksal verbunden blieb, bis zum heutigen Tag getröstet. Auf der Suche nach einem Zeichen, wo Ernst sein könnte, fährt meine Hand noch heute automatisch hinter lose sitzende Dachlatten, kann ich es mir nicht verwehren, einen prüfenden Blick auf die Bettstatt im winzigen Wohnzimmer zu werfen. Hinter der Vertäfelung verbirgt sich weiterhin nur Isoliermaterial, die Bettdecke ist zusammengerollt und unbenutzt. Auch sonst ist alles wie damals, als er für immer ging. Das Etui des fehlenden Feldstechers hängt seit sechsunddreißig Jahren am gleichen Haken, an der Wand im Wohnzimmer, genau wie eine hölzerne Melkschale, ein Geschenk des Wildhüters, und ein Hirschgeweih, das Ernst einst im Wald gefunden hatte. In den Regalen stehen jene Bücher, mit denen unsere Kinder aufgewachsen sind. Auch sie gehören zu einer Einrichtung, die sich in all den Jahren kaum veränderte und so selbstverständlich wurde, dass man sie beinahe vergaß.

Aber an diesem Tag, ich weiß nicht wieso, blieb mein Blick an den alten Bücherrücken kleben: »Berglandschaften«, lautete ein Titel, »Das Maggiatal«, »Flora und Fauna in der Schweiz«. Die Bilder in den Mondobüchern wurden mithilfe von Rabattpunkten gesammelt und bestellt, nach Nummern geordnet und einzeln eingeklebt. Die Kinder liebten diese Arbeit und vertieften sich zusammen mit dem Vater stundenlang in die Geschichten, die viel Wissenswertes vermittelten. Das zehnte Buch trug den Titel »Portugal«. Das elfte »Bolivien«.

Wie in Trance zog ich es hervor. Schlagartig erinnerte ich mich wieder: Es war sein Lieblingsexemplar, und wenn sich die Kinder längst mit anderen Spielsachen beschäftigten, widmete sich Ernst weiterhin dieser Lektüre. Ich betrachtete die etwas grellen Farbbilder, von denen sich im Verlauf der Jahrzehnte einige gelöst hatten: Dschungelgebiet, Savanne und Nebelregenwald. Weiß getünchte Kathedralen, bunt gekleidete Frauen, Marktszenen, die Anden im Regenlicht. Verschneite Bergketten, riesige Salzseen. Santa Cruz ist die größte Stadt des Landes, erfuhr ich, und in der umliegenden wilden Natur liegen Hunderte von kleinen Dörfern. In denen man sich für immer verstecken kann, wenn man will, dachte ich, während ich mir das aufgeschlagene Werk an die Nase hielt. Es roch staubig. Tausendmal betrachtet und gelesen: Überwand er so die Angst vor diesem fremden Land? Bis ihm das Unbekannte allmählich vertraut, Bolivien zum subtropischen Traum, zu einem berechenbaren Ziel und schließlich zu einem neuen Zuhause wurde? »Du weißt genau, wo ich bin. Du weißt es.« Ich dachte an die im Traum eindringlich gesprochenen und bisher so rätselhaften Worte. War dies die Lösung meiner schlaflosen Nächte?

Monate später erreichte uns Post aus Santa Cruz. Durch das dünne Papier hindurch ertastete ich Fotografien, riss den Umschlag hastig auf, legte Marias zusammengefaltete Zeilen vorerst zur Seite und starrte gebannt auf die Bilder. In urwaldartiger Umgebung saß ein älterer, gut aussehender Mann auf einem Stuhl und blickte direkt in die Kamera. Die Umgebung karg, der Boden glänzend und regennass, im Hintergrund war ein Unterstand zu sehen. Ein Bein lag über dem anderen, der rechte Arm angewinkelt über der Stuhllehne. In der hohlen Hand hielt er eine Pfeife. Die elegante Körpersprache erinnerte mich sofort an Ernst. Wie ein Fingerabdruck sind die Bewegungen eines Menschen, sein Gang, die Art, wie er eine Tasse hält, die Jacke aufhängt, auch in der fotografisch eingefrorenen Position spürbar und identifizierbar. Mein erster Gedanke war: Er ist es. Mein zweiter: Ist er es wirklich? Der schlanke und doch kräftige Körper, die Ausstrahlung, selbstbewusst und ruhig: So saß er mir gegenüber oder vor dem Haus im Klöntal, rauchend, in die Weite blickend und gleichzeitig auf Kleinigkeiten konzentriert, die sich in der unmittelbaren Nähe abspielten. Dennoch: So viele Jahre waren vergangen, seit ich ihn zum letzten Mal gesehen hatte. Das Gesicht markant und leicht gebräunt, eine ovale Form mit ausgeprägter Kinnpartie, der Blick wissend und ernst. Er war ergraut. Die sich bereits in jungen Jahren abzeichnenden Geheimratsecken hatten sich verstärkt, das Haar schien die Glätte der Jugendjahre verloren zu haben, wuchs aber genauso dicht wie damals.

Das zweite Bild zeigte das Gesicht genauer, die feinen Linien, den geschwungenen und vielleicht tausendmal geküssten Mund, Augenbrauen und Ohrläppchen. Ein stilles Heimweh packte mich. Gleichzeitig war ich verunsichert. Die Nase schien kürzer, die Ohren größer, die Augen heller. Auch Anni und Werner kamen zu keinem schlüssigen Urteil.

Wir ließen die Bilder schließlich durch den forensischen Dienst der Universität Zürich beurteilen. Vereinfacht gesagt, legten die Experten bei dieser Methode alte Fotografien von

Ernst und diejenigen aus Bolivien übereinander. Die Analyse galt festgelegten Strukturen, die durch den Alterungsprozess wenig betroffen sind: den Augenbrauen, dem Kinnumriss, den Nasenöffnungen. Nach einer zweiwöchigen Wartefrist erhielten wir die Ergebnisse: Ein Teil der Experten kam zum Schluss, es könne sich beim Mann aus Bolivien nicht um Ernst handeln. Die anderen hielten es für möglich, dass die beiden Männer identisch sind, eine dritte Gruppe war sich nicht sicher. Wir wussten so viel wie zuvor.

Wie oft hielt ich diese Fotografien in den Händen, kannte bald jedes Detail und betrachtete auch die bolivianische Frau an seiner Seite genau. Klein und kräftig wie ich. Fröhlichkeit und Energie ausstrahlend. Die Zweifel an seinem Tod waren gesät und wurden durch einen erneuten Besuch von Maria zusätzlich genährt. Als Familienfreundin ging sie bei uns mittlerweile ein und aus. Einmal unternahmen wir einen Ausflug ins Klöntal. Beim Anblick der eigenwilligen Behausung, die man als eine Art Schweizer Blockhaus bezeichnen könnte, rief sie: »Es sieht genauso aus wie die Hazienda von John in Bolivien.« Als wir das Hausinnere betraten, steuerte sie sofort auf die im winzigen Wohnzimmer stehende Schlafstatt zu. Es war ein Eigenentwurf von Ernst, und die integrieren Schubladen galten einst als individuelles Detail. Die Betten der Hazienda seien genau gleich, behauptete Maria. Gründe, um an ihren Aussagen zu zweifeln, gab es nicht, und so begann ich Grundsätzliches zu hinterfragen.

Im Verlauf von Monaten kam ich nicht umhin, an die erste Zeit seines Verschwindens zurückzudenken und wie die Menschen in meinem Umfeld auf diese Hiobsbotschaft reagiert hatten. Einiges erschien mir dabei in neuem Licht, und ich hielt es nun für möglich, dass es in all den Jahren stille Mitwisser gegeben hat. Menschen, die Ernst in seine Pläne eingeweiht hatte, die ewige Verschwiegenheit schwören mussten und ihr Wort verständlicherweise hielten. Zehn, zwanzig, dreißig Jahre lang. Menschen, die sich auf die eine oder andere Weise in unser Leben integrierten. Stille Beobachter an den Familienfeiern, Taufen, Gartenpartys. Menschen, die, anders als bisher gedacht, in die Dramen und Freuden unserer Familie involviert waren und Ernst auf Umwegen Informationen über seine Kinder, Enkelkinder und über mein Weiterleben zutrugen? Die in meiner Einschätzung und Erinnerung eher gefasst auf seinen »Suizid« reagiert und sich nie zu einem möglichen Überleben und den erneuten Suchaktionen geäußert hatten. Weil sie wussten, dass er lebte? Weil sie wussten, wie es ihm ging? Die schwiegen, weil alles andere schwerwiegende Konsequenzen für Ernst und vielleicht auch für mich gehabt hätte? Ich würde ihnen dieses Verhalten nicht verübeln, eine solche Situation, die zwangsläufig in einen Gewissenskonflikt mündet, ist schwierig auszuhalten.

Der Entscheid, dass Ernst sich umgebracht hatte, fiel damals innerhalb von wenigen Tagen und hatte zur Folge, dass meinen Kindern und mir rückwirkend auf den 1. Dezember 1975 die Hinterlassenenleistungen ausbezahlt wurden. Der Entscheid verhinderte jedoch auch weitere polizeiliche Nachforschungen. Sein bester Freund, der Wildhüter, und ein weiterer Zeuge jener Nacht, der protokollführende Polizeibeamte, sind in der Zwischenzeit verstorben. Sie können nicht mehr befragt werden, und die Kopien der schriftlichen Protokolle sind unauffindbar. Aber ich suchte Ernsts betagte Mutter auf. Ich wollte sie nicht in eine Falle locken, so wie mir verworrene Manöver und Fangfragen immer fremd geblieben sind. Also erkundigte ich mich ohne Umschweife, ob sie sich vorstellen könne, dass ihr Sohn jene Novembernacht überlebt habe und in den vielen Jahren, die folgten, über andere Menschen erfuhr, wie es uns erging. Ihrer Antwort fiel klar und deutlich aus: »Unmöglich. Das hätte Ernst nie – niemals – gemacht.«

Maria hatte uns unterdessen eine Adresse und eine Telefonnummer gegeben, John, der Abgebildete auf den Fotografien, sei so erreichbar, wir sollten uns melden. Im Bewusstsein, dass mit einem Schlag alle Hoffnung zerstört werden könnte, sah ich dieser Kontaktaufnahme mit gemischten Gefühlen entgegen, und als wir endlich Mut gefasst hatten und anriefen, war ein junger Bursche am Apparat, der unsere Sprache nicht verstand und wir seine auch nicht. Er sprach einen der vielen Dialekte des Landes, und so ließen wir die Sache – beinahe erleichtert – auf sich beruhen.

Im Nachhinein bin ich über mein eigenes Verhalten erstaunt. Mein Bedürfnis, zu klären, was es zu klären gibt, führte in allen anderen Lebensbereichen stets dazu, dass ich abschließen und weitermachen konnte. Im Guten, ohne Zorn, befreit von den allzu belastenden Ereignissen der Vergangenheit. Diesmal war es anders, und eines Nachts nahm ich mein Tagebuch mit den fragmentarischen Textentwürfen und einzelnen Sätzen hervor. Die Vorwürfe, die ich mir im Zusammenhang mit dem Tod meiner Mutter machte, füllten manche Zeile und die schwärmerischen Erinnerungen an ihre Schönheit auch: »Die zarte Haut, das seidige Haar und die ebenmäßigen Gesichtszüge: Für mich war sie die schönste Frau auf der Welt, ein Engel, wenn sie mich zweimal pro Jahr besuchte«, las ich. Und im Gemütszustand des Herbeisehnens richtete ich in diesen Büchern flehende Worte an Ernst: »Ich folge dir, wo immer du bist. Ich gehöre zu dir, und ich weiß, dass du mich immer geliebt hast.«

Meine Mutter und mein Mann – dies musste ich mir eingestehen – waren bei meiner intensiven Suche nach dem Glück zu kurz gekommen. Aber mit dieser Erkenntnis konnte und wollte ich mich anscheinend nicht auseinandersetzen, das wurde mir nun bewusst. In Anbetracht meines Widerstandes, alles über die möglichen Hintergründe zu Ernsts Verschwinden zu erfahren, fragte ich mich, ob es mir in Wirklichkeit an der Fähigkeit und dem Willen zum Tiefsinn mangelte, dem Tiefsinn, den wichtigen Dingen auf den Grund zu gehen, weil dies zwangsläufig zu großen Krisen führen könnte? In Zusammenhang mit der Suche in Bolivien zögerte ich die Wahrheitsfindung bewusst hinaus, wollte mich mit den konkret erscheinenden Hinweisen auch später nicht mehr befassen. Ein innerer Widerwille verunmöglichte die weitere Suche, und heute erkläre ich dieses Verhalten pragmatisch: Die Vorstellung, dass mein Mann irgendwo leben könnte, war so wertvoll, dass eine gegenteilige Botschaft nicht zu verkraften gewesen wäre. So ließen wir diese Suche auf sich beruhen, ohne dass eine endgültige Klärung stattgefunden hätte. Der Zweifel blieb in den folgenden Jahren eine Strafe, und gleichzeitig nährte er weiterhin die Hoffnung, dass Ernst nicht tot ist.

Jahre später wurde das Schweizer Fernsehen auf unsere Geschichte aufmerksam. Es drehte einen Dokumentarfilm über uns, und es stimmt, was mein Sohn Werner später sagte: Gewisse Details um das Verschwinden eines Ehemannes und Vaters wurden in der Familie das erste Mal vor laufender Kamera – mit dem Journalisten Pino Aschwanden – vertieft. Eigenartig, dass man mit beinahe fremden Menschen anders und offener über tragische Ereignisse sprechen kann als mit jenen, die einen seit Jahren begleiten. Weil man sich nicht verletzen oder in die Ungewissheit stürzen will, schweigen die direkt Beteiligten.

Dass Anni, wie sie mir nach Jahrzehnten erzählte, oft vom Vater träumt und sich bis zum heutigen Tag nicht getraut, in den Timmerwald zu klettern, weil sie tief im Innern glaubt, seine sterblichen Überreste seien in der gleichnamigen, unwegsamen Höhle zu finden, brach mir beinahe das Herz. Die Kinder wollten die Mutter schonen und umgekehrt die Mutter ihre Kinder. So entstehen Familiengeheimnisse. Auch um Fehlinterpretationen und Unsicherheiten entgegenzuwirken, halte ich meine Geschichte in Buchform für die Ewigkeit fest.

Darauf vorbereitet, dass sich nach der Ausstrahlung des Fernsehfilms neue Spuren ergeben könnten, sich aber auch Menschen melden werden, die sich auf diese Art und Weise interessant machen möchten, begegneten wir den vielen Briefen und Anrufen, die dem Beitrag folgten, mit der nötigen Skepsis. Allerdings gab es eine Information, die uns mehr als nur aufhorchen ließ. Sie stammte von einem Mann, den mein jüngerer Sohn Werner nach einem Telefongespräch persönlich aufsuchte, um Näheres zu erfahren. Die Angaben, darunter Details, die nur jemand wissen konnte, der Ernst persönlich kannte, waren präzise, und anders als die nun viele Jahre zurückliegenden Spuren, die nach Bolivien führten, konzentrierte sich der neue Hinweis auf die Gegenwart: Mein Mann habe sich als Betreiber einer Getränkebar mit Schweizer Produkten, die er über einen in Manila ansässigen Vertrieb einkaufe, auf den Philippinen niedergelassen.

Ich war in der Zwischenzeit fünfundsiebzig Jahre alt und bei bester Gesundheit, aber eine emotional anstrengende Reise, die mit einer großen Enttäuschung enden könnte, traute ich mir nicht zu. So bestieg Werner wenige Monate später – im Mai 2008 – das Flugzeug Richtung Manila. Als Asienkenner ist er mit den klimatischen Bedingungen vertraut, ebenso wie mit den kulturellen Gegebenheiten. Vorgesehen waren acht Wochen, in denen Werner seinen Vater suchen und finden wollte. Das Bedürfnis, zu wissen, was wirklich geschehen ist und aus welchen Gründen genau, trieb auch ihn an. Als Jugendlichem waren ihm die Spannungen in unserer Ehe nicht entgangen, und welche Andeutungen der Vater seinen Söhnen während der Wanderungen machte, die sie bis zuletzt miteinander unternommen hatten, weiß ich nicht. Aber es kann sein, dass die Kinder in all den Jahren mit Fragen belastet waren, auf die es keine Antworten zu geben schien. Um mir zu helfen, aber auch im eigenen Wunsch, Klarheit zu gewinnen, nahm der inzwischen fünfzigjährige Werner eine Reise mit ungewissem Ausgang auf sich.

Werner informierte mich über die einzelnen Schritte der Recherchen, die ihn von Manila aus auf die südlich gelegene Hauptinsel Luzon und von dort nach Batangas führte. Die Bar existierte nicht mehr, das Gelände war in der Zwischenzeit in ein Militärcamp umgewandelt worden, aber eine ehemalige Angestellte der dortigen Gemeindeverwaltung bestätigte die frühere Anwesenheit eines Fredi Marti und fügte an, dieser Mann – ein Restaurantbesitzer – sei vor längerer Zeit weggezogen und lebe nun auf einer anderen Insel. Ein Telefongespräch mit der in der Schweiz lebenden philippinischen Exfrau von Fredi Marti ergab, dass er aus einer Schwyzer Gemeinde stamme. Aufgrund von Ungereimtheiten hegte Werner nun leise Zweifel daran, dass es sich bei Fredi Marti um seinen Vater handeln könnte. Gleichzeitig schienen die Informationen, die er in der Schweiz erhalten hatte, vertrauenswürdig. Konnte es sein, dass zum gleichen Zeitpunkt zwei Martis in Matabungkay gelebt hatten? Beide aus der Schweiz, der eine als Barbetreiber, der andere als Restaurantbesitzer?

Werner kam zum Schluss, dass ein solcher Zufall unmöglich sei und es sich um ein und dieselbe Person handeln müsse. Der Gedanke, möglicherweise bald philippinischen Halbgeschwistern gegenüberzutreten und einem gealterten Menschen, den er seit Jahrzehnten vermisste, beunruhigte ihn.

Nun reiste mein Sohn auf jene Insel, die die geschiedene Ehefrau von Fredi Marti als möglichen Wohn- und Arbeitsort ihres Exmannes genannt hatte. In der betreffenden Ortschaft angelangt, zeigte er den Einheimischen, die sich in der Dämmerung schwatzend auf den staubigen Straßen aufhielten, das alte Passbild seines Vaters. Die meisten bestätigten, es handle sich um den Ferienresortbesitzer Fredi Marti, der im Dschungel lebe und arbeite. Stunden später standen mein Sohn und ein ortskundiger Reiseleiter vor der Ferienanlage, die sich fernab der Zivilisation in urwaldartigem Gebiet befand. Es war Nacht, als die beiden Männer in die Einfahrt bogen, den Wagen abstellten, ausstiegen. Glühwürmchen schwirrten um süßlich duftende Papayabäume, und in der Dunkelheit zeichneten sich geknickte Palmen und wildes Gestrüpp ab, beides säumte einen beinahe unwegsamen Pfad, der zum Hauptgebäude führte. Hunde bellten, das Haus lag in feuchter Hitze vor ihnen. Ein unwirklicher Moment, Sekunden, Minuten, die man besonders intensiv erlebt, weil sie das Schicksal bestimmen oder zumindest in eine neue Richtung lenken können.

Das Klopfen verhallte zunächst ungehört. Nach einer scheinbaren Ewigkeit näherten sich Schritte, worauf weiches Licht den langen Korridor hinter milchigem Glas erhellte und die Schuhe der Besucher in einen hellgelben Halbmond tauchte. In Zeitlupentempo vergrößerte sich der heranschlurfende Fleck, so schilderte mir Werner jene Sekunden, die dem ersehnten Zusammentreffen vorangingen, und knirschend drehte sich der Schlüssel im Schloss. Abermals schien eine Ewigkeit zu verstreichen, bis die Tür aufgerissen wurde. Ein älterer Mann in Shorts und Tennisschuhen blickte die nächtlichen Besucher misstrauisch an. Kein Vater stand dem Sohn gegenüber, der, wie vor den Kopf gestoßen, die Fremdartigkeit des anderen sofort spürte und verzweifelt doch nach äußeren Erkennungsmerkmalen forschte. Noch nie gesehen, nichts mit ihm erlebt. Die Stimme hell, eine andere, das Lächeln auch. Mit Interesse hörte sich der Fremde die Geschichte an und bestätigte: Er sei Fredi Marti. Zum Vermissten könne er leider keinerlei Angaben machen.

Enttäuscht und wie betäubt erlebten wir die folgenden Tage. Die zerstörte Hoffnung lässt einen auch winzigen Spuren folgen und an jenen Wünschen festhalten, die man erfüllt sehen möchte. Wenig später machte Werner Bekanntschaft mit einer Lokaljournalistin, die sich von seiner Geschichte fasziniert zeigte und einen umfassenden Artikel im Lokalanzeiger von Iloilo City publizierte. Die folgenden Wochen flogen dahin: Werner befragte Dutzende von Menschen zum Verbleib seines Vaters, machte den Besitzer des Vertriebs für Schweizer Produkte in Manila ausfindig.

Auch dieser Silberstreifen am Horizont verblasste, dafür verschaffte sich Werner Zugang in eine der populärsten Fernsehsendungen des Landes: »Wowowee« ist eine genreübergreifende Live-Show, die ein Millionenpublikum erreicht. Von Showeinlagen, Musikelementen und Werbeblöcken unterbrochen, wird gezeigt, wie lang Vermisste und ihre Angehörigen zueinanderfinden. Ein schrilles Spektakel, das Werner nicht sonderlich behagte. Trotzdem saß er im Publikum und hielt ein Plakat mit Bild und Angaben zu seinem verschwundenen Vater in die Kameras. Wenig später durfte er in einer anderen populären Quizsendung ausführlich über seine Suche berichten. Die Sendung sollte zwei Wochen später ausgestrahlt werden. Die Rückreise nach Batangas und die dortigen Kontakte mit der Polizei, die neue Informationen zum möglichen Verbleib von Ernst vermittelte, führten Werner auf die südlich gelegene Insel Mindoro. Die Anfragen bei den dortigen Behörden und zahlreichen Auslandschweizern waren in vollem Gang, als sich eine philippinische Bekannte telefonisch bei ihm meldete. Aufgeregt teilte sie ihm mit, er sei im nationalen Fernsehen zu sehen. Dem Auftritt in der nun ausgestrahlten Quizsendung folgten Dutzende von SMS und Sprachmitteilungen auf seiner Combox. Es schien absolut unmöglich, diese Meldungen richtig zu gewichten. Welche waren dubios, welche entsprachen der Wahrheit? Zu diesem Zeitpunkt war die Suche längst eine Odyssee, mit immer neuen Verzweigungen und ominösen Wegweisern, die ins Nirgendwo führten.

Die Schilderungen meines Sohnes, die Rückschläge und geweckten Hoffnungen dieser Reise hatten mich in den vergangenen Wochen ratlos und bisweilen verzweifelt zurückgelassen. Ich musste mir eingestehen, dass die Nachforschungen zu einer familiären Belastungsprobe gerieten, der wir nicht standhalten konnten, wenn wir uns weiterhin an jedem noch so winzigen Strohhalm festhalten würden. Schweren Herzens, aber von der Richtigkeit des Entschlusses überzeugt, regte ich schließlich die Rückreise in die Schweiz an, und mein Sohn nahm diesen Wunsch – wie ich meinte – erleichtert auf.

In der Nacht, als wir aufgaben oder vorläufig abschlossen, hatte meine Tochter einen Traum, den sie als schön und furchtbar zugleich beschrieb: Sie rennt durch den Urwald, rennt und rennt dem Vater entgegen, wie sie mit Bestimmtheit weiß. Außer Atem und am Rand ihrer Kräfte steht sie schließlich vor einem verwitterten Haus ohne Scheiben und ohne Türen. Widerstrebend, aber wie in einem Bann betritt sie die Ruine. Bäume und Pflanzen wachsen im Innern, exotische Tiere bevölkern die leeren Räume. Sie läuft ein Zimmer nach dem anderen ab. Im letzten Zimmer findet sie Ernst. Tot. Sein Körper ist noch warm. Sie hat ihn um Minuten verpasst.

Weiterleben

Seither sind drei Jahre verstrichen. Es geht uns gut. Ich arbeite weiterhin viel. Die verkohlten Pfannen werfe ich neustens auch im Sommer in den Garten hinaus. Die Haustür bleibt offen für beinahe jedermann, und meine Familie, alte Freunde und neue Bekannte bereichern mein Leben weiterhin. Im Alter sollte man mit den Energiereserven nicht allzu sparsam umgehen. Körper und Geist teste ich noch immer gerne, und einen Grundsatz, den ich früh im Leben fasste und der sich so oft bewährt hat, stelle ich weiterhin – bei anspruchsvollen Trekkings – unter Beweis: Der Weg wird fortgesetzt, egal, wie schwierig die Umstände oder die zu überwindenden Hindernisse sind. Wenn man es erneut schafft, unter großer physischer und psychischer Anstrengung sein Reiseziel zu erreichen, fühlt man sich beinahe unbesiegbar. Von Problemen lässt man sich im Vertrauen auf die eigenen Kräfte weiterhin nicht einschüchtern, und große seelische Belastungen relativieren sich zusammen mit manchen Mühseligkeiten des zivilisierten Alltags. Wie selbstverständlich bin ich auch im hohen Alter bereit, die Nachteile und manche Gefahr hinzunehmen, die mit solchen Abenteuern verbunden sind, weil damit eine wertvolle Erkenntnis verbunden ist: Im Extremfall kommt der Mensch mit wenig aus und ist bereit, sehr viel zu ertragen. Weil er nicht sterben will. Diesen Lebenswillen zu spüren, ist einzigartig und wunderbar.

Und so bereiste ich vor einem Jahr – um Himmels willen, da war ich bereits siebenundsiebzig Jahre alt – zum ersten Mal das nepalesische Königreich Mustang. Seit die Kunstschule in Bhutan von einer etablierten Stiftung unter ihre Fittiche genommen worden ist, engagiere ich mich erneut im Kleinen. Diesmal in Mustang. Kleidung und Geld erreichen eine Schule in Lo Mantang, dort stehe ich mit einem Lama in Kontakt, der alles gerecht verteilt. Doch bevor ich unter der Leitung meiner Schwiegertochter Ulrica, der Frau meines ältesten Sohnes Ernst, zum Trekking aufbrechen konnte, das uns auf einer anspruchsvollen Route bis auf 4000 Meter Höhe zum Nyi La in die Nähe des Annapurna führen sollte, litt ich bereits unter einer Lebensmittelvergiftung, die ich mir am Abend zuvor eingehandelt haben musste. Hohes Fieber, starker Schüttelfrost und die üblichen Begleiterscheinungen der Krankheit setzten mir zu und gefährdeten den Reisebeginn.

Was ich bei der früheren Bergsteigerei erlebt habe, gilt auch für die vielen Trekkings, die mich in Nepal, Tibet, in der Mongolei und in Bhutan auf die hohen Gipfel der Welt geführt haben: Mehr als in jedem anderen Verbund sind die Teilnehmer aufeinander angewiesen, aber auch voneinander abhängig. Schätzt jemand seine Kräfte falsch ein, büßen die anderen zwangsläufig für diesen Fehler, weil in vielen Ländern keine entsprechende Hilfe von außen zu erwarten ist. Die Gruppe ist auf sich allein gestellt, und die Rückkehr eines Erschöpften oder Kranken muss immer in Begleitung eines Trägers geschehen. Dieser fehlt der weiterziehenden Mannschaft, die unter den zusätzlichen Lasten, die nun zu tragen sind, leidet. Mehr als einmal habe ich erlebt, dass gut trainierte Menschen im Verlauf einer mehrwöchigen Reise erkrankt sind. Bis ein Yak oder eine notdürftig zusammengebaute Trage zur Verfügung steht, kann es ewig dauern. Geduld und Langmut sind bei solchen Zwischenfällen gefragt, die sich trotz sorgfältiger Vorbereitung nicht immer verhindern lassen. Unliebsame Zwischenfälle sorgen auch für Verzögerungen in der Einhaltung der Marschroute, was gefürchtete Nachtmärsche zur Folge haben kann, die den Teilnehmern mehr als alles andere zusetzen. Fatalere Konsequenzen haben unplanmäßige Vorkommnisse in der Extrembergsteigerei: Dort stellt sich die Frage, ob die geschwächte oder verletzte Person den Rückweg überhaupt schafft und ob die Hilfeleistung eines anderen nicht dessen eigenes Leben in Gefahr bringt. Aus diesem Grund lassen die Gesunden in hoffnungslosen Situationen jene zurück, die keine Chance haben, und setzen den Weg alleine fort. Diese brutale und traumatische Entscheidung muss gefällt werden, wenn bei einem Abstieg nicht beide sterben sollen. Glücklicherweise sind solche Dramen eine Seltenheit, und auch mir blieben sie erspart.

Doch auch weniger extreme Reisen können unvermutet an Limiten führen, und während ich am Vorabend des Mustang-Trekkings auf meiner Pritsche lag, mich in klaren Momenten töricht schimpfte, in diesem Alter noch solche Experimente zu wagen, erinnerte ich mich an eine besonders schöne und anstrengende Reise: Es handelte sich um ein Trekking, das mich vor zwei Jahren nach Madagaskar geführt hatte.

Die im Indischen Ozean gelegene Insel vor der afrikanischen Ostküste ist als Reiseland nur wenig erschlossen, verfügt über eine wunderbare Flora und Fauna und gilt als Destination für anspruchsvolle Wanderer, die den höchstgelegenen Punkt der Insel in komplett unwegsamem Gebiet erklimmen wollen. Wir passierten die offene Savanne und hübsche Dörfer, suchten unsere Routen in Flüssen, im Urwald und über endlose Hügelzüge. Manchmal schimmerte Blau in vielen Schattierungen, und Schmetterlingsschwärme schwirrten orchideengesäumte Waldbäche entlang. Das Ziel – der Marmokotro – lag auf einer vergleichsweise bescheidenen Höhe von 2876 Metern.

Ab dem dritten Tag setzte uns eine trockene, unerträgliche Hitze zu, wie ich sie auf allen Asienreisen nie erlebt hatte und die einige Teilnehmer – mich eingeschlossen – an den Rand ihrer Kräfte brachte. Erblickten wir einen Fluss, rannten wir die letzten Meter zur kühlenden Quelle und stürzten uns, alle Vorsichtsmaßnahmen missachtend, samt Schuhen und Kleidern hinein. Ein Vorgehen, das sich rächte: Durch die Reibung des nassen Materials riss die Haut der Füße auf, und entzündete Blessuren, die nicht verheilen konnten, erschwerten den strapaziösen Weg zusätzlich. Wir gerieten in Verzug – auch weil die zuvor bei den Einheimischen eingeholten Zeitangaben zu den einzelnen Etappen falsch waren –, und so rannten wir den Stunden und schließlich den fehlenden Tagen hinterher. Die Träger schlugen uns den Weg mit langen Macheten durch den unwegsamen Urwald und führten uns durch reißende Flüsse. Die Gruppe aus bestens trainierten, mehrheitlich jüngeren Frauen und Männern war bereits auf halbem Weg unglaublich erschöpft. Wir dachten an eine Umkehr, aber die flirrende Hitze der zurückliegenden Tage hielt uns kurz vor dem Einritt ins höher gelegene Gebirge von diesem Plan ab. Die kühleren Temperaturen waren eine Erleichterung, gleichzeitig brachte die Bergregion aber auch ein frühes Eindunkeln. So mussten wir die nächtlichen Routen mit Stirnlampen fortsetzen, die das unwegsame Gelände nur unzureichend erhellten. Es war mörderisch. Kein anderes meiner zahlreichen Trekkings war dermaßen anstrengend gewesen.

An genügend Schlaf war nicht zu denken, wollten wir den Rückflug nicht verpassen, was mit einem großen finanziellen Mehraufwand verbunden gewesen wäre. Wir liefen in Etappen von zehn Stunden, machten eine zweistündige Pause und quälten uns weiter wie in Trance. Ich war dermaßen geschwächt, dass Erholung beinahe nicht mehr möglich war, obwohl wir alle komatös in einen Tiefschlaf fielen, wo immer sich die Möglichkeit dazu bot.

Zu allem Überfluss erkrankte ich gegen Ende der Reise an Malaria, worauf mein Zustand sich erbärmlich verschlechterte. Irgendwann wollte und konnte ich nicht mehr. Es war in jeder Hinsicht ein Tiefpunkt, so etwas hatte ich noch nie erlebt. In solchen Extremsituationen lernt man sich selbst und alle anderen neu kennen, weil alles Künstliche abfällt. Natürlich weiß man bereits vor dem Start, dass es Krisen geben wird, das ist Teil der Herausforderung, und tief im Innern lauert auch die zähe Bereitschaft, dem Tod ein Schnippchen zu schlagen. Die Gewissheit, dass man es auch dieses Mal schaffen wird, wächst mit jeder dieser Anstrengungen, die man auch künftig suchen wird, weil man den Lebensdurst nie besser spürt.

So war es auch diesmal: Mein Sohn Ernst und ein anderer Führer geleiteten mich schließlich an den Händen haltend stundenlang durch die Dunkelheit. Führung abzugeben und zu akzeptieren, dass andere in einem Bereich besser agieren und Bescheid wissen als man selbst, sind Erkenntnisse, die im Alter ebenfalls nicht schaden können. Wir waren rechtzeitig für den Rückflug am Flughafen. Krank und so müde wie noch nie dachte ich bereits bei der Ankunft in Zürich: Eine solche Tour würde ich sofort wieder machen.

An diese »Heldentat« dachte ich in Mustang zurück, als ich mich aufgrund der Lebensmittelvergiftung bereits vor dem

Abmarsch so elend fühlte, dass mir die Kraft fehlte, mein Kopfkissen auf dem Krankenlager umzudrehen. Worauf ich mir eine Schonkost verordnete, die sich bereits in früheren Lebensjahren bewährt hatte: Haferbrei. Zwei Löffel alle paar Stunden. Körperlich geschwächt, mental aber voll auf der Höhe, nahm ich das dreiwöchige Trekking am nächsten Tag in Angriff. Es wurde eine der schönsten Reisen, die ich je erlebt habe.

Das Ziel immer vor Augen, absorbiert einen der Weg dahin ganz. Oft wird man für erlittene Strapazen belohnt, aber die Ausnahme bestätigt auch hier die Regel. Es gibt Hindernisse, die so groß sind, dass es unverantwortlich oder dumm wäre, den Weg fortzusetzen. In den Bergen ist die Entscheidung – aufgeben oder weitermachen – von den verbleibenden Kräften und dem Einschätzen der unmittelbaren Situation abhängig. Vielleicht hat beides auch im Unterland seine Richtigkeit.

In ruhigen Stunden frage ich mich, ob wir die Suche nach Ernst – mit einer neuen Spur, die von den Philippinen nach La Réunion führt – wieder aufnehmen müssten oder ob wir die Suche für immer ruhen lassen sollten. Ich bleibe unschlüssig, zwinge mich zu vernünftigen Gedanken: Man muss abschließen können, um weiterzumachen.

In der Zwischenzeit weiß ich auch, dass die Ungewissheit eine Gnade sein kann, weil sie Raum für Hoffnungen lässt. Mein Sohn sagt, wie auch immer die Geschichte mit dem Vater in jener eisigen Novembernacht vor sechsunddreißig Jahren anfing, weiterging und vielleicht endete: Jeder Mensch hat, wenn Schlimmes geschieht, die Möglichkeit und die Verantwortung, etwas Gutes folgen zu lassen. Mit Werner lernte ich, Gespräche zu suchen und zu führen, Probleme anzusprechen, die zu Unfrieden führen, wenn man sie totschweigt. Man muss allerdings auch Lösungen finden, das Reden und Zerbröseln allein bringt nichts, wie bereits meine kluge Mutter wusste. Manchmal stelle ich mir vor, was aus Ernst und mir geworden wäre, wenn wir die damalige große Krise überwunden, einen gemeinsamen Weg in die Zukunft gefunden hätten. Würden wir heute zusammen auf der neuen Holzbank im Klöntal sitzen und zufrieden auf das Geleistete blicken? Über die Kinder und die Enkel sprechen? Weißt du noch, damals, als wir so jung waren? In den Erinnerungen schwelgen? Vielleicht, wahrscheinlich sogar. Und einander beistehen in den eigenartigen Beschwerlichkeiten, die das Alter bergen kann. Hast du die Pillen genommen? Ziehst du die warme Jacke an? Einander unentbehrlich sein. Akzeptieren, was nicht zu ändern ist. Er ist halt so. Sie ist halt so. Aber die ewige Liebe hat wie alles andere einen Preis. Sie ist mit Konzessionen verbunden. Ich sehe dies nicht negativ, und man könnte sagen, Kompromisse gehören zum Leben, und der Wille, sie einzugehen, ist ein Zeichen von großer Liebe. Es sind Einzelfälle, die das schaffen, ich gehöre nicht dazu, und auch die Selbstlosigkeit, die ich so lange für mein Schicksal hielt, wollte mir später nicht mehr gelingen. Trotz allem bleibt Ernst meine größte Liebe. Mit keinem anderen Menschen erlebte ich gefühlsmäßig eine ähnliche Tiefe, Innigkeit und Verbundenheit. Daran wird sich nie etwas ändern: egal, was die Zukunft noch bringen oder offenbaren wird. Heute weiß ich, dass mein Lebensdurst auf der Strecke geblieben wäre, hätten sich unsere Wege nicht getrennt. Das Risiko und das Abenteuer brauchte ich, um mich selbst und alles andere zu entdecken. Und heute kann ich sagen: Es war ein wunderbares, erfülltes Leben. Mein Leben mit und ohne Ernst.

Nachtrag: Im Sommer 2011 entschied sich Lisa Marti, den Dienst »Nachforschungen nach vermissten Personen« des Bundesamtes für Polizei (fedpol) mit dem Fall »Ernst Marti« zu beauftragen. Aufgrund einer ersten Analyse der Geschehnisse ließen die Expertinnen verlauten, dass sie nicht an einen Suizid glauben. Die Suchergebnisse werden in den folgenden Monaten erwartet.

Nachwort

Eine Nacht in der Karawanserei an der Rathausgasse in Glarus

»Wir kommen schnell auf einen Kaffee, müssen dann aber gleich wieder weiter.« Das hatte ich damals, vor fast dreißig Jahren, unseren Glarner Freunden Gusti Schönbächler und Ruedi Grünig gesagt. Kaum hatten wir uns im gemütlichen Stübli gesetzt, da rief eine Stimme das Treppenhaus hinauf: »Hallo, seid ihr da?« Die beiden Paradiesvögel hatten ein offenes Haus, eine Art Geheimloge für besondere Menschen, bunt, einfach, bescheiden und doch eben besonders und vor allem fantasievoll.

Mit einem breiten und herzlichen Lachen setzte sich Lisa zu uns, und kurz darauf sprudelte es aus den Quellen einer großartigen Geschichtenerzählerin. Die Szene erinnerte mich an Schilderungen des früheren Orients, als Reisende sich in einer Karawanserei trafen und am nächtlichen Feuer, bei duftendem Chai, ihre Geschichten vortrugen. Dabei galt das ungeschriebene Gesetz, einen Erzähler keinesfalls zu unterbrechen, es sei denn, man wurde überfallen von räuberischen Banden und musste sich seiner Haut wehren. Und wenn es jemand verstand, seine Zuhörer ganz in seinen Bann zu ziehen, so war es nicht ungewöhnlich, dass eine Geschichte bis zum frühen Morgengrauen dauerte, bevor sie schließlich mit einem »Allah ist groß und mächtig« endete.

Als ich mit meiner Ehegattin Beata in der Morgendämmerung Glarus verließ und auf der menschenleeren Autobahn

Richtung Zürich brauste, schwiegen wir beide. Wir hatten einen ganz besonderen Menschen kennen gelernt und einer wirklich außergewöhnlichen Lebensgeschichte lauschen dürfen – und dabei die Zeit komplett vergessen. Und obwohl doch etliche von Lisas Ausführungen eigentlich hätten traurig stimmen müssen, so fühlten wir uns auf eigentümliche Weise leicht und froh.

Das war, wie gesagt, vor fast dreißig Jahren. Danach sind wir Lisa immer wieder begegnet und haben so einiges vom zweiten Teil ihrer Lebensgeschichte quasi »live« mitbekommen können. Dennoch, auch wenn ich verschiedene Episoden wiedererkenne, vermag die Lektüre dieses wunderbaren Buches – an dieser Stelle ein großes Kompliment an die Ghostwriterin Franziska K. Müller – doch wieder ganz neue Welten zu öffnen und vor allem etwas deutlich zu machen: Es ist nicht bloß Lisas »Art«, die sie davor beschützt hat, am Leben zu zerbrechen. Sie hatte ganz offenbar bereits als Kind die Gabe, in die Tiefe der Dinge zu blicken und zu erkennen, dass sich das Leben nicht so einfach in Gut und Schlecht, in Opfer und Täter, in Glück und Unglück unterteilen lässt. Sie muss schon früh entdeckt haben, dass es in unserer Hand liegt, das Dunkle und Schwere umzuwandeln durch die Fantasie und durch die unbändige Kraft der Liebe zum Leben.

Legt die Schriften der großen Weisen aus Asien ruhig einmal beiseite. Hier kommt ein gerüttelt Maß an gelebter, authentischer Weisheit!

Andreas Vollenweider
Zürich, 3. Oktober 2011

Andreas Vollenweider ist Musiker, Produzent und Arrangeur. Mit seiner Harfe macht er mehr als Musik – er erzählt Geschichten.

Interview

»Manchmal bringen wir das Glück zurück«

Der Dienst »Nachforschungen nach vermissten Personen« des Bundesamtes für Polizei (fedpol) interveniert auch auf Anfrage von Angehörigen, die ihre Liebsten unter Umständen seit Jahrzehnten vermissen. Die Leiterin Claire Jordi und die Expertin Heidi Berger Niklaus sprechen über ihre langjährigen Erfahrungen bei der Suche und analysieren im Gespräch mit Franziska K. Müller den Fall »Ernst Marti«.

Gemäß Bundeskriminalstatistik verschwinden in der Schweiz jedes Jahr rund 5000 Personen. Die meisten tauchen in den ersten 48 Stunden wieder auf. Wie viele Menschen bleiben dauerhaft verschwunden?
Genaue Angaben lassen sich nicht machen, weil diese Zahlen kantonal erfasst werden. Auch die Website Swisspolice – dort werden vermisste Personen samt Bild und Angaben veröffentlicht – geben einen unzureichenden Eindruck, weil die Polizei nur in dringenden Fällen, also bei Minderjährigen oder wenn man von einem Verbrechen ausgehen muss, eine solche Vermisstenmeldung veröffentlicht. Für Menschen, die aus persönlichen oder administrativen Gründen gesucht werden, existieren wir als besonderer Suchdienst für Nachforschungen innerhalb des Bundesamtes für Polizei. Somit sind wir auch die Anlaufstelle für private Nachforschungs-

gesuche: Pro Jahr behandeln wir rund sechzig Gesuche von Angehörigen.

Haben Menschen grundsätzlich das Recht, vom Erdboden zu verschwinden?
So schmerzvoll eine solche Entscheidung für die Angehörigen auch sein mag: Das Recht, einfach wegzugehen, existiert, wenn keine strafrechtlich relevanten Verfehlungen im Spiel sind.

Auch Behörden, gemeinnützige Organisationen und Versicherungen gelangen an den Suchdienst »Nachforschungen nach vermissten Personen«. Wie muss man sich die Arbeit in diesen Fällen vorstellen, und welche Resultate werden erzielt?
Die Suchaufträge der Behörden dienen hauptsächlich der Aufenthaltsforschung von Erben in Nachlassangelegenheiten, sie werden von kantonalen Erbschaftsämtern und Notaren beantragt. Privatrechtliche Unternehmen wie Versicherer oder Vorsorgestiftungen stellen Gesuche um Aufenthaltsnachforschungen nach schweizerischen und ausländischen Personen in Zusammenhang mit der Auszahlung von Vorsorgegeldern. Wir helfen aber auch bei der Suche des Eidgenössischen Departements für auswärtige Angelegenheiten, des EDA, nach Familienangehörigen von im Ausland erkrankten oder verunglückten Schweizer Bürgern, so leisteten wir beispielsweise Hilfe bei der Suche nach Angehörigen von Opfern der Tsunami-Katastrophe und suchten nach Personen und Angehörigen im Nachgang zum Erdbeben in Haiti. Für gemeinnützige Institutionen und Organisationen – darunter das IKRK – ermitteln wir den Aufenthalt von Menschen, die

ursprünglich aus Kriegsgebieten oder politisch instabilen Regionen stammen und deren Aufenthalt in der Schweiz vermutet wird. Im Jahr 2010 bearbeitete der Dienst insgesamt 172 schriftliche Nachforschungsgesuche. In rund sechzig Prozent der Fälle konnten die gesuchten Personen innerhalb eines Jahres gefunden werden.

Welche außergewöhnlichen privaten Fälle sind Ihnen in Erinnerung geblieben?
Da gab es diesen merkwürdigen Todesfall in Argentinien: Die Schweizer Botschaft in Buenos Aires erhielt Besuch von einer Frau, die den Tod ihres Schweizer Gatten meldete. Für die Botschaft handelte es sich um einen Unbekannten, da sich der Verstorbene nie bei der Vertretung hatte immatrikulieren lassen und die Vertretung weder von einer Eheschließung in Argentinien noch von der Geburt einer Tochter etwas erfahren hatte. Die Frau war im Besitz des Totenscheins, wies eine alte Niederlassungsbewilligung der Stadt Genf vor und auch den Ehescheinsowie den Geburtsschein der zwölfjährigen Tochter. Um mehr über den unbekannten Verstorbenen zu erfahren, wandte sich die Botschaft an uns. Wir fanden den tot gemeldeten Schweizer quicklebendig in Genf, und da stellte sich die Frage: Wer ist der Tote in Argentinien wirklich? Handelte es sich überhaupt um einen Schweizer, wie er seiner Frau versichert hatte, oder um einen – nach dem Zweiten Weltkrieg – untergetauchten Nazischergen? Wir verlangten zusätzliche Unterlagen von der Ehefrau und kontaktierten den in der Schweiz lebenden Namengeber. Dessen Identität – so stellte sich nun heraus – war jahrelang missbraucht worden. Als wir ihm seine Niederlassungsbewilligung und die Fotografien jenes Mannes vorlegten, der unter seinem Namen gelebt

hatte, erinnerte er sich, vor dreißig Jahren mit dem Verstorbenen im gleichen Betrieb gearbeitet zu haben. Ebenfalls erinnerte er sich daran, dass der Untergetauchte damals Schwierigkeiten mit seiner Ehefrau erwähnt hatte und dass die Polizei nach ihm suchte. Eines Tages sei er verschwunden, ohne sich im Geschäft abzumelden. Nachdem wir die wahre Identität des Verstorbenen kannten, stellte sich heraus, dass der Abgetauchte als verschollen gemeldet war. Weil seine in der Schweiz lebende Ehefrau in der Zwischenzeit ebenfalls verstorben war, konnte die in Argentinien unter falschem Namen geschlossene Ehe anerkannt werden. Unseren Kollegen bei der Botschaft in Buenos Aires kam dann die undankbare Aufgabe zu, die argentinische Witwe und die Tochter über die wahre Identität des Ehemannes und Vaters zu informieren. Man kann sich die Gefühle der Frau vorstellen, die jahrelang, ohne etwas zu ahnen, unter einem falschen Namen gelebt hatte. Die Angehörigen des »Verschollenen« fanden wir im Kanton Jura. Sie waren sehr erstaunt und nahmen die Nachricht vom Tod ihres verschwunden und längst tot geglaubten Familienmitglieds mit gemischten Gefühlen und mäßiger Begeisterung auf. Die Schweizer Tochter aus erster Ehe, die ihren Vater nie richtig gekannt hatte, konnte sich dann immerhin den Nachlass mit ihrer argentinischen Halbschwester teilen.

Wie kam die verlassene Schweizer Ehefrau in all den Jahren über die Runden?
Nach der Verschollenheitserklärung erhielt seine erste Frau eine Witwenrente. Normalerweise erhalten Angehörige auch rückwirkend alle Leistungen aus der AHV, der Pensionskasse und Lebensversicherungen. Die Verschollenheitserklärung

kann in der Regel fünf Jahre nach dem Verschwinden eines Menschen beantragt werden. Dafür muss bei einem Gericht ein entsprechendes Gesuch eingereicht werden, und wenn die Erklärung beurkundet wird, zieht sie die gleichen zivilrechtlichen Konsequenzen nach sich, wie wenn ein Mensch stirbt. In Katastrophenfällen, bei Flugzeugabstürzen oder beispielsweise bei einem Tsunami können Angehörige die Erklärung bereits nach einem Jahr beantragen.

Gibt es auch Menschen, die sich ein Unglück oder eine Naturkatastrophe zunutze machen, um sich erfolgreich abzusetzen?
Allerdings. Für jene, die etwas auf dem Kerbholz haben, ist es unter Umständen die ideale Situation, um unterzutauchen, weil viele Leichen ja nie geborgen werden können. In der Zwischenzeit weiß man allerdings, dass man nach diesen »Verunglückten«, ebenso wie bei vermeintlichen Suiziden, besonders intensiv suchen und forschen muss. Es reicht nicht aus, dass Menschen nicht gefunden werden. Ihre Nichtexistenz muss bewiesen werden.

Wie wird die Verschollenheit im Gesetzbuch definiert?
Im entsprechenden Artikel steht: Der Tod einer Person kann festgestellt werden, obwohl niemand die Leiche gesehen hat, wenn sie unter Umständen verschwunden ist, die ihren Tod als sicher erscheinen lassen.

Was genau geschieht, wenn man herausfindet – wie im zuvor geschilderten Fall –, dass jahrzehntelang fälschlicherweise Hinterlassenenzahlungen geleistet wurden, weil der Verschollengeglaubte noch lebt?

Das wissen wir nicht. Unser Dienst handelt immer im Sinn der Bürger, und eine Meldung an die entsprechenden Stellen müssen wir nicht vornehmen. Für uns ist ein Fall mit dem Auftauchen einer als vermisst gemeldeten Person abgeschlossen. Es wäre unseres Erachtens aber ungerecht, wenn eine »Witwe« zu Rückzahlungen verpflichtet würde, wenn sie an einem eventuellen Versicherungsbetrug komplett unschuldig ist.

Gibt es Regionen, in denen man besser untertauchen kann als in anderen?
Durchaus. In Australien, Südamerika, Asien und Afrika ist es gut möglich. Einerseits sind das riesige und behördlich gesehen zuweilen chaotisch organisierte Länder, zudem lassen sich relativ einfach gefälschte Urkunden und entsprechende Ausweise beschaffen, mit denen man gut durch den Alltag kutschieren kann. Die Gefahr, dass man aufgrund eines Zufalls entdeckt wird, weil man gesehen und erkannt wird, ist in Venezuela ebenfalls kleiner als in Winterthur. Tatsächlich wissen wir aber auch von Menschen, die in Deutschland unentdeckt geblieben sind.

Es ist also kein großes Kunststück, für immer abzutauchen und die Angehörigen in der Ungewissheit zu lassen?
Nein, ein Kunststück ist es nicht. Planen muss man aber schon sehr sorgfältig. Geld braucht man überall, und irgendwie muss man welches verdienen können oder bei jemandem unterkommen. Wie das geschilderte Beispiel aus Argentinien zeigt, hatte der Mann es geschafft, bis zu seinem Tod unter einer falschen Identität ein »anderes Leben« zu führen. Er hätte es aber nie gewagt, sich bei einer Schweizer Vertretung zu melden oder sich um einen neuen Ausweis zu bemühen.

Will man beispielsweise ein Auto fahren, kann man das sicher unter anderem Namen und auch ohne Führerausweis tun. Will man aber heiraten und Kinder in die Welt setzen, wird es sehr schwierig, vor allem, wenn man das Schweizer Bürgerrecht an die Kinder weitergeben möchte. Unter anderem Namen zu leben, bedingt eben auch, dass man keine Ansprüche an die Schweiz stellt.

Gibt es auch solche, die nach Jahren das Heimweh nach dem zurückgelassenen Leben und den dazugehörigen Menschen packt und die dadurch unvorsichtig werden?
Wenn jemand nach Jahren plötzlich im Ausland einen Schweizer Pass beantragt, werden wir hellhörig. Die Abklärung der Identität ist nicht immer einfach. Wir stimmen aber nie der Ausstellung eines Ausweises zu, wenn nicht mit Sicherheit feststeht, dass es sich um die Person handelt, die sie zu sein vorgibt. Die damit verbundenen Recherchen können sehr aufwendig sein.

In Deutschland sprechen Experten davon, dass es sich bei zwei Dritteln aller Langzeit-Verschwundenen um Männer handelt: Deckt sich dieser Befund mit den Gegebenheiten in der Schweiz?
Statistisch gesehen nicht unbedingt. Gemäß unserer Erfahrung handelt es sich bei den seit langem vermissten Partnern überwiegend um Männer. Eine jüngere Frau lässt tendenziell nicht einfach alles wortlos hinter sich, und sind Kinder da, ist eine Flucht organisatorisch kompliziert. Allerdings hatten wir schon Fälle von ausländischen Frauen, die sich in ihre Heimat absetzten und die Kinder zurückließen.

Aus welchen Gründen verschwinden Menschen wie vom Erdboden?
Persönlichkeitsstörungen, finanzielle Probleme, Beziehungskrisen. Im Vordergrund steht der Wunsch, auf einen Schlag alles hinter sich zu lassen und ohne Geschichte eine neues Leben zu beginnen.

Wenn man die Website Swisspolice studiert, stellt man fest, dass es sich bei den dort Gesuchten oft um ausländische Frauen handelt.
Bei den Frauen gibt es zwei Gruppen. Junge Frauen mit Migrationshintergrund verschwinden oft, weil sie zwischen den Traditionen ihrer Kultur und denjenigen der westlichen hin- und hergerissen sind, zudem flüchten sie manchmal vor einer Zwangsheirat. Es verschwinden aber auch Schweizerinnen mittleren Alters, die keine kleinen Kinder zurücklassen.

Aus welchen Gründen verschwinden Männer?
Diese Männer sind tendenziell eher introvertiert, sprechen wenig. Manche haben jüngere Geliebte oder suchen nach einer solchen im Ausland.

Unter welchen psychischen Belastungen leiden die Verlassenen?
Depressionen ergeben sich aus dem Umstand, dass man mit einer riesigen Ungewissheit weiterleben muss. Man weiß ja nicht, ob der Mensch freiwillig wegging oder ob ihm etwas zugestoßen ist. Dieses wortlose Verschwinden ist mithin das Schlimmste, was den Zurückgebliebenen geschehen kann. Abschließen geht auch nicht, die Hoffnung bleibt, der Vermisste könnte eines Tages wieder auftauchen. Ohne Grab

können Eltern von ihren – aus dem Ausland nicht zurückgekehrten – Kindern nie Abschied nehmen. Tauchen »Verschwundene« irgendwann wieder auf, ist es für die Verlassenen – die so stark leiden mussten – auch nicht einfach, zu vergessen und zu verzeihen.

Auch wenn Menschen abtauchen dürfen: Gibt es Ihrer Meinung nach eine moralische Verantwortung, dies nicht zu tun?
Das ist die große Frage. Wenn man die teilweise schwerwiegenden Konsequenzen sieht, mit denen die Angehörigen konfrontiert sind, könnte man diese Meinung vertreten. Das steht uns aber nicht zu, und mehr als einmal waren wir mit einem Fall konfrontiert, bei dem wir sagen mussten: Man versteht jene, die verschwanden. Beispielsweise wenn sie in einem Hörigkeitsverhältnis zum Partner stehen oder von den Eltern unterdrückt werden und keine andere Möglichkeit sehen, loszukommen. Ein junger Künstler floh zum Beispiel vor seiner ultradominanten Mutter, ein anderer junger Mann vor seinem Vater, der eine große Karriere für seinen Sohn geplant hatte. Der Sohn inszenierte sein Verschwinden so, dass man davon ausgehen musste, er sei nicht mehr am Leben. Als die Auslandvertretung, wo er sich dann nach einem halben Jahr um einen Ausweis bemühte, vermitteln wollte, verweigerte er zuerst den Kontakt mit seinem Vater. Bei diesen Beispielen muss man von einem Befreiungsschlag sprechen. Das sind aber Einzelfälle. Sonst leiden wir eher mit den Verlassenen mit.

Müssen Verschwundene, die gefunden werden, ihre Einwilligung geben, damit Suchende mit ihnen in Kontakt treten dürfen?

Ja. Die Aufenthaltsforschungen in der Schweiz und im Ausland erfolgen in Zusammenarbeit mit den in- und ausländischen Behörden und unter Berücksichtigung des Daten- und Persönlichkeitsschutzes. Ziel ist es, die vermisste Person über die Suchanfrage zu informieren und anzufragen, ob sie Kontakt mit dem Suchenden wünscht und ob ihre Adresse kommuniziert werden darf – oder eben nicht.

Erinnern Sie sich an Fälle, bei denen die Kontaktaufnahme unerwünscht war?
Ja. Einmal gelangte ein erwachsener Mann an uns, der als Baby zur Adoption freigegeben worden war, er suchte seine Mutter, die wir auch fanden. Die Frau hatte ihrem Ehemann und den Kindern nie von diesem ersten Kind erzählt, das sie als Sechzehnjährige zur Welt gebracht hatte. Eine mögliche Aufdeckung erfüllte sie mit panischer Angst. Sie erklärte uns, dass wir ihr Leben komplett zerstören würden, falls wir ihre Koordinaten weitergäben, und wenn ihr Sohn, der sich so große Hoffnungen gemacht hatte, etwas für sie tun wolle, solle er auf eine Kontaktaufnahme verzichten. Wir mussten dies dem Sohn mitteilen. Seine Enttäuschung war natürlich riesig. Später lasen wir, dass ihm das Bundesgericht zu seinem Recht verholfen hat. Was mit der Mutter und ihrer Familie geschehen ist, wissen wir nicht.

Wenn eine Privatperson wie vom Erdboden verschwindet, stellt sich immer die Frage, ob dieser Mensch einem Verbrechen zum Opfer gefallen ist oder sich das Leben genommen hat. Wie geht man bei diesen Abklärungen vor?
In solchen Fällen wird die Polizei eingeschaltet, die auch Nachforschungen im Umfeld, bei Freunden und Bekannten, anstellen muss. Auch hier gilt: Es muss nicht nur geprüft wer-

den, ob die Person tot ist, sondern auch, ob sie noch existieren könnte. Die sorgfältige Befragung des Umfeldes ist auch deshalb wichtig, weil man dadurch eventuell etwas ableiten kann, das auf etwas anderes schließen lässt als auf einen Suizid.

Ist der vorgetäuschte Suizid häufig, und wie kommt man ihm auf die Schliche?
Wenn ein Leichnam fehlt, gibt es zwangsläufig Fragezeichen. Im Kanton Bern beispielsweise gelten momentan zwischen 35 und 55 Personen als in den Bergen vermisst. Und jedes Jahr kommen neue dazu. Das ist eine hohe Zahl, vor allem, weil die wenigsten gefunden werden. Die sterblichen Überreste von vermissten Berggängern werden oft erst nach langer Zeit entdeckt, weil sie auf unwegsamem Gebiet zu Tode kamen. Auch ein Gletscher hält seine Opfer unter Umständen jahrelang fest. Natürlich lässt sich ein solches Szenario auch vortäuschen. Wenn jemand einen Suizid vortäuscht und die Leiche nicht gefunden wird, kann der Abgetauchte zudem darauf hoffen, dass irgendwann die Verschollenheit festgestellt wird und die Zurückgebliebenen von den damit verbundenen Hinterlassenenzahlungen profitieren können.

Ein Mensch verschwindet für immer, sorgt aber dafür, dass die Familie wenigstens keine finanziellen Probleme haben wird?
Ja, aber juristisch betrachtet, ist das Betrug.

Wie beurteilen Sie die Geschichte von Ernst Marti, der als bergtauglicher Mensch galt, der die abgelegensten Winkel der Region, aber auch deren Gefahren gut kannte?

Man untersuchte offenbar die Umstände, die auf einen Suizid weisen könnten, und stützte sich auf die Aussage seines Freundes, des Wildhüters, ab. Dieser gab zu Protokoll, Ernst Marti sei in den vergangenen Monaten depressiv verstimmt gewesen. Er ging in der Nacht weg, nahm nicht viel mit und ließ ja auch Schlüssel und Ausweis zurück: Es sind Hinweise, die auch inszeniert sein könnten. Interessant ist, dass weitere polizeiliche Nachforschungen mit dem schnellen Feststellen eines Suizids abgebrochen wurden. Dass anschließend die Hinterlassenenzahlungen beinahe sofort und rückwirkend zugesprochen und der Fall ad acta gelegt wurde. Wie bereits erwähnt, spricht man normalerweise erst von einem Suizid, wenn die Leiche über einen längeren Zeitraum gesucht und im besten Fall gefunden wurde. Diese schnelle Anerkennung des Suizids klingt für uns sehr eigenartig.

Jene, die in den Bergen verschwinden und das Gebiet sehr gut kennen, können theoretisch in eine versteckte Felsspalte stürzen, wo man sie nie findet, aber sie haben eben auch die Möglichkeit, etwas vorzutäuschen, was nicht ist.
Genau. Und aus diesem Grund hätte man in diesem Fall auch weitere Routinefragen klären müssen: Hatte der Vermisste irgendeinen Bezug zu einem anderen Land? Hatte er eine heimliche Geliebte, die eine Verbindung zu einem anderen Land hatte? Wo ist die jetzt? Führte er vor dem Verschwinden ein Doppelleben? Solche Informationen können wertvolle Hinweise darauf geben, was wirklich geschehen ist.

Machen Sie im Fall Ernst Marti andere Hinweise stutzig?
Es gibt unterschiedliche Aspekte, die man miteinander verbinden und analysieren muss. Die Ehekrise, die persönlichen

Probleme des Mannes, der offenbar introvertiert war, nicht viel sprach, auch früher bereits einfach wortlos weggegangen war. An seiner Seite war eine starke, selbstbestimmte Frau, die – so rechtfertigte er vielleicht vor sich selbst – die Zukunft auch ohne ihn anpacken würde. Dem gegenüber stehen aber die planerischen Details, darunter auch die Überschreibung der Lebensversicherung auf seine Kinder.

Glauben Sie an einen Suizid?
Nein. Aber trotz intensiver Suche – auch in den entsprechenden Bundesarchiven – fanden wir zum erwähnten Fall bisher nichts. Die Gründe liegen im früh festgestellten Suizid, aber auch darin, dass sich das Drama vor so langer Zeit zugetragen hat. Wir sind mit unserem Latein allerdings noch nicht am Ende und planen weitere Schritte, über die wir zum jetzigen Zeitpunkt aber nichts sagen können.

Sie nahmen die Suche nach Ernst Marti kürzlich auf: Gibt es auch andere Angehörige, die manchmal jahrzehntelang warten, bevor sie Ihre Hilfeleistungen in Anspruch nehmen?
Der Fall Ernst Marti ist sicher eine Ausnahme, weil das Verschwinden dieses Mannes lange zurückliegt. Aber immer wieder gelangen Menschen an uns, die nach vielen Jahren erneut oder erstmalig nach Angehörigen zu suchen beginnen. Die Gründe sind unterschiedlich: Manche suchen zuerst selber oder haben sich innerlich mit dem Tod des Menschen abgefunden, dann gibt es vielleicht irgendein neues Indiz, und man ist erneut beunruhigt und möchte Klarheit schaffen. Einmal gelangte ein Mann an uns, der seine Eltern in der Schweiz suchte. Diese mussten während des Zweiten Weltkrieges in einer Nacht-und-Nebel-Aktion aus dem ukrainischen Odessa

flüchten, da ihnen dort der Tod drohte. Um den Rest der Familie zu retten, ließen sie ihr jüngstes Kind zurück und waren sicher, es sei nach ihrer Flucht getötet worden. Erst als der Sohn nach der Öffnung des Eisernen Vorhangs nach seinen Eltern zu suchen begann, konnte die Familie nach über dreißig Jahren Trennung wieder zusammengeführt werden. Es gibt solche Wunder, und manchmal erleben wir, wie Unmögliches möglich wird und wir das Glück zurückbringen können.

Was geschieht, wenn ein Gesuchter nicht gefunden werden kann und irgendwann im Ausland verstirbt?
Die Schweizer Botschaft erstattet uns in einem Todesfall Meldung: Allerdings nur, wenn die Person als Schweizer und unter seinem richtigen Namen registriert war.

Welchen Einfluss haben die neuen Kommunikationstechnologien auf die Art der Suchanfragen?
Früher gab es sehr viele verängstigte Angehörige, die sich bei uns meldeten, weil sie ein paar Tage nichts von ihren Kindern oder Freunden gehört hatten, die in Asien, Afrika, Südamerika, Australien oder generell in entfernten Ländern weilten. In diesen Regionen war ein erfolgreiches Telefongespräch in die Schweiz unter Umständen mit einer tagelangen Organisation verbunden. Heute haben die Reisenden Handy und E-Mail und können den Kontakt mit den Angehörigen ohne Probleme aufrechterhalten.

Sorgen neue technische Möglichkeiten auch für eine erhöhte Effizienz bei der Suche nach Verschwundenen?
Unseren Dienst gibt es ja seit vielen Jahrzehnten, er ging ursprünglich aus der Polizeiabteilung hervor, die das Ausweis-

und Flüchtlingswesen und Ausländerfragen behandelte. In den Fünfziger-, Sechziger- und Siebzigerjahren gab es noch keine elektronischen Möglichkeiten. Gearbeitet wurde mit Registerkarten, und die Kontakte liefen über schriftliche Korrespondenz in Form von Briefen. Mit den neuen Technologien wurde alles effizienter, die Abläufe blieben aber im weitesten Sinn dieselben. Grundsätzlich gehen unsere Anfragen immer an die Schweizer Vertretungen der jeweiligen Länder, also an die Konsulate und die Botschaften, die mit den örtlichen Polizeistellen in Kontakt stehen. Auch via Interpol gelangen Anfragen sicher und auf direktem Weg an die entsprechenden Verantwortlichen in den jeweiligen Ländern. Und obwohl wir keine polizeilichen Aufgaben wahrnehmen, arbeiten wir mit der Fahndungsdatenbank Ripol. Der Vorteil ist, dass auch die Auslandvertretungen diese Datenbank konsultieren und Auffälligkeiten melden, die wir dann aufnehmen und für unsere Suche verwenden können.

Von plastisch-chirurgischen Eingriffen, die das Äußere dauerhaft verändern, über die Beschaffung von Geburtsurkunden verstorbener Menschen: Heute gibt es eine Fülle von Ratgebern und Websites, die sich auf organisatorische Fragen rund um das erfolgreiche Verschwinden von Menschen spezialisiert haben. Was halten Sie davon?
Die Idee, alle Probleme hinter sich zu lassen und ohne lästige Diskussionen oder unangenehme Konsequenzen woanders einen Neuanfang machen zu können, ist verlockend. Das angesprochene Angebot kann animierend wirken, man sollte aber bedenken: Es wird eine Einfachheit vorgegaukelt, die sehr wenig mit der Realität zu tun hat.

Glossar

armengenössig: von der Sozialfürsorge abhängig
Chaisenwagen: Kinderwagen
Chilbi: Kirmes
Fäckli: ein gefaltetes Stoffteil an einer Tracht
Fünfer-Mocken: zweifarbiges Bonbon
Fünfliber: Fünffrankenstück
gebodigt: bezwungen, besiegt
Glump: alte Lappen, Dinge, Kleider
Heimetli: kleiner Bauernhof
Holzböden: Schuhsohlen aus Holz
Meringues: aus Eiweiß gefertigtes Gebäck
Nidel: Sahne
rahmen: Rahm – Sahne – von der Milch abschöpfen
verschupft: lieblos behandelt
Welschland: der französischsprachige Teil der Schweiz

Dank

Ich danke …

Ernst, der mir vieles ermöglichte.

Anni, die immer für mich da war.

Werner, der seinen Vater intensiv gesucht hat.

Ernst junior und seiner Frau Ulrica, die mir beim Aufbau meines Geschäfts halfen und mich auf vielen Trekkings begleiteten.

Gusti und Ruedi, die mich auch in schweren Stunden auf Händen trugen.

Meinen sieben Enkelkindern für ihre Liebe.

Franziska für ihre einfühlsamen Fragen, für das, was sie schrieb und wie sie zuhört.

Andreas für seine schönen Worte zum Schluss.

Lisa

Der Bärenflüsterer

Reno Sommerhalder
Ungezähmt
Mein Leben auf den Spuren der Bären

224 Seiten, gebunden
mit Schutzumschlag
Mit farbigem Bildteil
13,5 × 21,2 cm
ISBN 978-3-03763-020-4
www.woerterseh.ch

Reno Sommerhalder entdeckte im Norden Kanadas seine Faszination für die Wildnis. Er wagte sich immer weiter in unbewohnte Gegenden vor, ernährte sich von Selbstgesammeltem und -erjagtem, traf wochenlang auf keinen Menschen und genoss die Einsamkeit. Diese wurde jäh gestört, als ihn eines Nachts ein Bär in seinem Zelt besuchte…

»Reno Sommerhalder hat nicht nur wie viele andere zwei oder drei Sommer mit Bären verbracht, sondern mehr als zwei Jahrzehnte mit Bären überlebt. Wenn man ihn trifft, hat man das Gefühl, einem humanoiden Braunbären gegenüberzustehen. Sein Wissen um und über die Bären beeindruckt jeden.«
Prof. Dr. med. vet. Bernd Schildger,
Direktor des Tierparks Dählhölzli, in seinem Nachwort